名門小学校に合格する「本当の知力」を身につけさせる方法

磯邊季里
Kiri Isobe

PHP研究所

プロローグ

真の力を身につけて豊かな人生を送ってほしい

毎日の子育てを楽しんでいますか？　子どもは生まれたときは真っ白なキャンバスと同じ。無限の可能性があります。

はじめは手足を動かすだけの赤ちゃんが、寝返りが打てるようになり、ハイハイして動きまわり、やがて歩くようになります。言葉を覚え、会話ができるようになり、字も書けるようになるでしょう。

このようにさまざまな経験を重ねて、だいたい九歳までに人間としての土台ができあがります。この時期に環境を整え、子どもの可能性を広げてあげるのが親の役目としてとても大切なことです。あとから幼児期をもう一度やり直したいと思ってもできないからです。じっくりと子どもと向き合いましょう。

でも、難しく考える必要はありません。目的を持って今日を大切に過ごすこと。それこそが育児においてもっとも大切なことなのです。

仕事を持つお母さんは子どもと接する時間が限られるでしょうが、中身の濃い時間を持つことで、子どもの土台作りに役立ちます。逆に、たとえ一日中一緒にいても、携帯電話でのメールやママ友だちとのおしゃべりに夢中で、子どもとのコミュニケーションが少なければ意味がありません。

量よりも質を重視してお子さんと過ごしてください。

そして、子育てを通して親も一緒に成長していけばいいのです。実は私は早起きが得意ではありませんでした。でも、結婚して自分の家族ができたことで、家族のために時間を費やし、つくすことの楽しさを知るようになりました。

生まれたばかりの子どもは、何もできないわけですから一から十までお世話をしなければならなかったけれど、子どもと過ごす一日一日はとてもワクワクすることであふれていて、自然と早起きができるようになりました。

子育てを通して気付いたこともたくさんあります。子育ては自分磨きができる素敵な時間ですね。

現在私は「こひつじかい」という子育て塾をひらいています。二一年前に友人から

「小学校受験に力を貸してほしい」と頼まれたことがきっかけです。親とは別の視点を持ち、家庭教師のような形で生活や遊びの中から生きていく上で大切なことを学んでもらうことを重視してきました。

受験塾というよりも寺子屋的な存在でありたいという思いから、学校、学年の垣根を越えて交流ができるよう、元塾生だった中学生、高校生、大学生にも行事を手伝ってもらっています。小さな子どもはお兄さん、お姉さんから刺激を受けますし、巣立っていった子どもたちにも帰れる場所を残してあげたいという気持ちがあるからです。

広告を出すことはもちろんホームページやブログも開設していません。にもかかわらず、口こみで評判が広がり、現在では幼稚園受験や小学校受験のためだけでなく、〇歳や一歳から通う子どももいます。

一歳でもきちんと教えれば、できることが増えていきます。もちろん個人差はありますが、できないからといって叱ることはありません。

「何回でも教えてあげるからできるようになろうね。できるようになるとうれしいよ」と、チャレンジすること、そして達成する喜びを感じてもらうことに心を砕いています。

小さな子どもでも、目標があればがむしゃらになれるし、がんばれるものです。私はひたむきで純粋無垢な子どもたちから、日々たくさんのことを学んでいます。子どもの力は本当に計り知れません。「小さいから」「難しいだろうから」と大人の尺度で判断してはいけないといつも考えさせられています。

以前は三歳ぐらいまでは家庭でじっくりと育てるのが一般的でした。お母さんと一緒に家事をすることは、子どもにとっては遊びと同じ。その中でワクワクしながら生活の基礎が身についていきました。また、お母さんと家事をすることで、子どもたちにも家族の一員であるという自覚が芽生え、お母さんが忙しいときに手伝ってあげよう、という気持ちが自然と生まれました。

ところが、最近ではさまざまなお稽古があったり、ママサークルなどで母子で外出する機会が多くなりました。外出すれば子どもは疲れますし、予定が多いとお母さん側にも一緒に家事をやる余裕はなくなります。

情報が増えてきている一方で、お母さんの知恵が抜けてきているのを感じます。例えば、幼児番組を見せているだけでは正しい日本語は身につきません。親との会話やコミュニケーションがなければ自分のものにならないのです。

五歳になって、さあ受験対策をはじめましょう、といっても基礎ができていなければ急にできるものではありません。小さいときからの積み重ねが大切なのです。

私立小学校に合格するためにはそれぞれの学校にあわせた対策も必要ですが、残念ながら子どもにノウハウやテクニックは通用しません。興味もないのにやらされるだけではまったく身につかないからです。みなさんも試験前に一夜漬けで覚えたけれど、試験が終わったらあっという間に忘れてしまったという経験はありませんか？

逆に、興味を持って自分で調べたり、体験したことは忘れません。小学校に上がる前の子どもであればなおさらそうです。中学受験のように詰め込み式の勉強ではなく、遊びの中で覚えることが子どもにとっての勉強になるのです。

私はノウハウではなく、「本当の知力」を身につける教育方法を実践しています。

例えば、新聞紙やチラシ、ペットボトルなどを使った、ゴミを出さない工作です。一見ガラクタのように見えるものでも、想像力を働かせることでさまざまなものに変身します。また、四季の変化や伝統行事に触れたり、地域の人との交流で五感を刺激することも大切にしています。

最近はスマートフォンやタブレット端末など便利な道具がたくさんありますが、ともすれば道具に使われて人間の能力はどんどん低下しているのではないかと心配になります。小さいときだからこそ便利な道具に頼らず、昔ながらの知恵を教えていきたいと思っています。その手助けとなるのが、昔話であったり、童謡です。本書では読み聞かせのコツや読んでおきたい昔話を紹介します。


さて、「本当の知力」を身につけるとはどういうことでしょうか。私は強く生き抜き、豊かに暮らす知恵につながると考えています。

ものに頼らず、自分を磨き、自分自身で教養を身につけることこそ、人としての豊かさではないでしょうか。ものがなくても自分で工夫し、やり遂げることができるのはとてもうれしいものです。新しいことに挑戦したり、これからやることにワクワクし、熱中して取り組むのも同じです。小さいときからこうした体験を積むことはとても大事なことです。

豊かに暮らすためには人から愛されることも大切です。人から愛されてはじめて他の人を愛し、思いやりを持つことができるからです。

小学校受験では礼儀作法が見られますが、礼儀作法とは、相手のことを思う気持ちを態度に表すもので、心の礎《いしずえ》です。大人になってから覚えるものではなく、幼くても年相応に身につくものです。

例えば、幼稚園の子どもでも友だちが喜んでいたらうれしくなるし、悲しそうにしていたらハンカチを渡します。受験に関係なくそれができる子どもはどこに行ってもかわいがられ、愛されます。そして、このような心の礎は教材で教えたり、誰かが教えるものではなく、日々の家庭での生活の中で繰り返し行ううちに習慣となり、身についていくものなのです。

「先生の話をよく聞いて」と言うお母さんが人の話をさえぎっておしゃべりをするようでは、子どもには人の話を聞くというのがどういうことなのか伝わりません。礼儀作法から家庭という背景が見えてしまうのです。

小学校受験に際しては人との競争に勝つためのノウハウを得たり、特別なことをするのではありません。大切なのはごく当たり前のことを身につけること。もちろん受験は簡単なことではなく、さまざまなことにチャレンジする必要があります。でも、「こひつじかい」の子どもたちは、ニコニコ笑って乗り越えていきます。やった分だけできるようになる、その喜びを感じるからなのでしょう。

親の立場でも、小学校受験にはメリットがたくさんあります。私が一番感じるのは、受験という目標を持つことで、親子二人三脚でがんばれることです。親も子どもと一緒になって学ぶチャンスをいただけるのです。

たとえ志望した学校に合格しなくても、受験をすることで子どもの土壌は耕されます。お母さん、お父さんと一緒にがんばった思い出は絶対に消えません。あとからやっておけばよかったと思っても、時間を巻き戻すことはできませんし、ましてや思い出・経験・時間などは、お金で買うことなどできないのではないでしょうか。

お受験のために「これだけは覚えてね」という詰め込みはやめ、子どもと一緒になって汗を流したり、喜んだりして、時間を共有しませんか。それが自然と子どもの人生の生きる土台となり、一番の受験対策になります。本書ではその方法を詳しくご紹介していきます。

名門小学校に合格する「本当の知力」を身につけさせる方法　目次

第1章

ママコーチング

第2章 語彙力、表現力、想像力を身につける

第3章

暮らしの中の五感磨き

第4章

身近なものを使ったエコ工作

第5章 毎日の食事から学ぶ

第6章

いざ、受験に備える

「面接時の心得」

おわりに

装丁／静野あゆみ
編集協力／高橋洋子
鈴木多美恵

第1章

ママコーチング

かわいいわが子の可能性を広げ、能力を引き出すためにはどうしたらよいか。頭を悩ませているお母さんは多いのではないでしょうか。

子どもはたくさんの可能性を持っています。これから根を張り、茎を伸ばし、花を咲かせるであろう種と同じです。でも、種を見ただけでは、どんな花が咲くかわかりません。蒔く場所によっても咲く花は変わってくるでしょう。

大切な種をきれいな花として咲かせようとして、温室で育ててしまうお母さんもいますが、一旦温室で育てると弱くなり、温室がなくなったときにしおれてしまいます。お母さんがいつも子どもたちを守ってあげられると思うのは、実は大きなエゴなのです。過保護、過干渉にするのではなく、子どもが一人でもがんばれるよう土壌を耕すことこそ、子どもの自立にとって大事なことではないでしょうか。

その子が生まれながらに持っている「その子らしさ」という花の種を、子どもが自分で育て、花を咲かせるようにコーチングすることがお母さんの大事な役割です。

第1章では、子どもが一人でがんばれるように導く「ママコーチング」についてお話ししていきましょう。

「当たり前のことを大切に子育てをしよう」

お母さん自ら暮らしを楽しむ

お子さんの花を咲かせるお手伝いとして、最近では幼児向けのお教室がたくさんあります。でも、ちょっと待って！

確かにいくつもお稽古をはしごしたり、さまざまな教材をそろえれば「やっている感」があり、お母さんは満たされるでしょう。でも、お稽古の場で一度できただけでは子どもの身についたとはいえません。習慣にするためには、プロローグで触れたように、生活の中でお母さんと一緒に基本的なことを何度も何度も繰り返し行うことが大切です。

焦ることはありません。当たり前のことこそ大事にしていきましょう。

「暮らしのさしすせそ」とは裁縫、躾、炊事、洗濯、掃除を指しますが、これらが当たり前のようにできていれば、暮らしをいつも楽しむことができます。

そのことを子どもに教えるためには、まずお母さんが丁寧な生活習慣を持ち、背筋を伸ばして自分の後ろ姿を見せることが必要です。子ども部屋のお片付けを厳しく言う前に、キッチンやリビングはきれいに片付いていますか？　掃除をするときにまとめて片付けるというのは大人の感覚です。使ったものはその場で元の場所に戻す。そのことをお母さんが守り、子どものお手本になりましょう。

そして、お母さん自身が毎日の生活をワクワクと楽しく過ごしましょう。「今日も朝がきちゃったわ。あれもこれもやらなきゃいけないのに」とうんざりしていたら、その雰囲気は子どもにも伝わります。生活を楽しむ工夫をして、お母さんが身をもって人生は素晴らしいものだということを教えてあげましょう。

工作から「想像力」と「ものを大切にする心」を育む

相手を思いやる、ものを大切にするということも当たり前のことですね。でも、言葉で教え込もうとしても子どもにはわかりません。日々の生活の中でこそ、身につくものなのです。

第4章では工作について具体的な方法をご紹介しますが、私が教えるお教室ではあまった紙も工作に使い、ゴミを出さないようにしています。子どもは実践してはじめてものを大切にするということがどういうことなのか理解できるのです。言葉だけで躾けようとしてはいけません。

また、小さな子どもにも、自分でできることは自分でやらせることが大事です。私のお教室では、クレヨンが短くなってきたら、箱にしまう前に次に使う人が使いやすいようにクレヨンに巻かれた紙を少しはがしておくよう教えています。

一歳や二歳ではうまくはがすことはできません。でも、大人がそれをやるのを見せ、出たゴミを子どもに捨ててもらうことはできます。子どもはそれだけでも「できた！」と手を叩いて喜びます。少し大きくなったら自分で紙をはがさせましょう。自分もできるようになった、という喜びが生じます。

そして、こういったことの積み重ねで次の人が使いやすいよう準備をするという当たり前のことが身につくのです。

コミュニケーションの基本は言葉

最近、子どもと一緒にお出かけしていても、常に携帯電話をいじっているお母さんをよく見かけます。せっかく外に出たのですから、気付いたことをどんどん子どもに話しかけてあげればいいのに、と私は残念に思います。お母さんが子どもに語りかけることが減ることで子どもの語彙はなかなか増えないままとなり、会話が貧困になっていってしまいます。

赤ちゃんは言葉をしゃべらなくても耳で聞いて覚えますから、乳児のころから「右足から靴下を履こうね」「次は反対ね」と声をかけることで、自然と右という概念ができていきます。そうすれば受験するころになって「うちの子は右と左の区別がつかなくて」と嘆くことはなくなります。

ここで注意したいのが、一度に全部教えないということ。右と左を一緒に教えたら混乱するのは当然です。「右」なら「右」だけを何度も繰り返し教えてください。右を完璧に覚えれば、左は連鎖してすぐに覚えられます。

なるべく多くの言葉を覚えさせるため、お稽古中は「あれ」「それ」「ここ」という指示語を使わず、具体的な言葉で伝えるようにしています。新聞紙やチラシを使って卓上のゴミ箱を作るときは、「角と角をあわせて半分に折りましょう」「もう一度角と角をあわせて半分に折りますよ」「紙が四枚重なったわね」といった具合です。「角」「半分」「四枚」といった単語を覚えることができます。大人のちょっとした工夫と努力で、子どもの語彙はどんどん増えていきます。

きちんとした日本語を使うことも大切です。小さいときは幼児語を使いがちですが、「ワンワン」で覚えてしまうと、「犬」と覚えなおさなければならず、子どもにとっては二度手間になってしまうのです。言葉や語彙力を伸ばす方法は第2章で詳しく説明するので、ぜひ実践してみてください。

「約束」とは言葉どおりに行動することですが、お母さんもちゃんとできていますか？　公園で友だち数人が集まり遊んでいます。お母さんたちも集まっておしゃべりに花が咲く、ということもあるでしょう。でも、「三時になったら家に帰る」と子どもと決めたならば、お母さん仲間のおしゃべりがどんなにはずんでいても帰らなければ、「時間だから帰るわよ」という約束が成り立ちません。

子どもに「約束は守らないとだめよ」と口で言っていながら、大人は特別、という例外を作っていては子どもに約束を守る大切さを教えることはできません。

昔ながらのやり方で「当たり前」を身につける

昔に比べておむつがはずれるのが遅くなっているという話をよく聞きます。昔は布おむつだったので、濡れると子どもは不快な思いをしたし、お母さんも洗濯が大変でした。だから親も子どもも早くおむつがとれるようにがんばりました。今の紙おむつはとてもよくできているので、子どもも親もとても楽。それがなかなかおむつを卒業できない一因ではないでしょうか。

「おむつがはずれない子どもはいないから無理して嫌な思いをさせることはない」と

いう意見もありますが、おむつは子どもにとって結構な重さ。早くとれたほうが身動きが楽になり、運動神経も早く発達するでしょう。楽なことに甘んじて大切な発達の機会を逃してしまうのはもったいないことではないでしょうか。

確かにおむつをはずすときは失敗もあるでしょう。おねしょをすれば親も子どもも大変です。でも、すごく楽しいことや達成感は努力したあとにくるものです。それを子育ての中で教えてあげてほしいのです。

このおむつの例のように、以前は当たり前だったことが、当たり前ではなくなっています。便利な道具を使いこなせず、逆に道具に使われてしまっているように思うのです。ときには便利さを捨て、昔ながらの知恵を実践することが子育てではとても大切です。

今は携帯電話やパソコンに文字を入力して変換すればわからない漢字もすぐに出てきます。でも、自分で辞書をひいて調べ、書くという行為をしないと漢字は覚えられません。

「大人になったらパソコンを使うから漢字は覚えなくても大丈夫」となってしまったら、日本人としての文化や教養は廃れてしまうでしょう。何度も漢字の書きとり練習をして覚えることで、子どもは努力すること、そして達成したときの喜びを覚えるのです。

最近では大人も子どもも努力を惜しむ人が増えていますが、努力は人を裏切りません。試験などの目先のゴールに役立つだけでなく、教養となってその人の人生を照らしてくれることでしょう。なんでも最短距離を通ろうとするのでは、余裕のないさみしい人生になってしまうのではないでしょうか。

そして、少し不便な中でこそ、工夫する知恵が出てきます。人生の基本を作る時期にある子どもに接するときは新しい道具に頼るのはやめ、昔ながらのやり方を大切に子育てをしましょう。

POINT

□いくつもお稽古をはしごするより、生活の基本を繰り返し教えることのほうが大切

□携帯電話はしばし脇に置いておき、目の前にいる子どもとのコミュニケーションを大切にしましょう

□不便な中からこそ工夫が生まれるもの。昔ながらのやり方を見習い、踏《とう》襲《しゅう》しましょう

生活の中で身につけたい受験の五つの項目

①数　②言葉、文字　③形　④知恵　⑤常識

●身の回りの生活の中でたくさん身につけていくことができます。

「多すぎる情報に踊らされる前に」

情報の波に乗るどころか、おぼれていませんか

携帯電話やスマートフォン、パソコンなどの普及により、いつでもどこでも簡単に情報を探すことができるようになりました。例えば、子どもにハロウィンを楽しませてあげたいと思えば、「ハロウィン」と入力するだけで、ハロウィンの起源はもちろん、お店が行っているパーティーの内容や仮装グッズの通販など、瞬時にさまざまな情報を入手できます。

でも、情報があまりにも多すぎて、一日中パソコンの前に座りっぱなし、というお

母さんも少なくありません。その間子どもはテレビを見て過ごす。ああ、なんてもったいない！　お母さんとコミュニケーションをとることで、子どもは得ることがたくさんあるのに……。

情報収集が目的になってはいけません。あくまで目的は子どもを楽しませることですから、これという情報を見つけたら、あとはお母さんが知恵を出して工夫するのです。

また、得た情報を友だちや目上の方にお話ししてみるのもいいですね。違った角度から情報を得ることができたり、昔の話を聞くことができるでしょう。そうしてはじめて生きた情報となり、お母さんにとっても実り多いものになるのです。

インターネット上の情報は玉石混淆です。本当に正しい情報なのか、有用な情報なのか、見極める目を持つことが必要です。また、親が情報に踊らされていると、それに従う子どもは大変です。まずは家庭で教育方針をしっかりと持つこと。ゆるがない柱を持った上で、それにあった情報を探してはいかがでしょうか。

子どもの興味を引き出すのは経験

二〇一二年の五月から六月にかけて、金環日食や部分月食などの天体ショーがいくつもありました。子どもにそのすべてを理解させるのは難しいかもしれませんが、理解できなくても、経験したことは無駄にはなりません。日食を見たあとで太陽や月の本を読んであげたり、宇宙の話をしてもいいでしょう。お母さんもわからなければ、一緒に調べるのも楽しいものです。

子どもは経験によって興味を持つようになります。宇宙に興味を持ち、宇宙飛行士にあこがれるようになるかもしれません。

子どもが持つ無数の可能性にきっかけを与えてあげられるのは、もっとも身近にいるお母さんです。

子どもに教えてあげようという視点を持っていれば、教材はいたるところにあります。インターネットに頼らなくても、図書館、新聞、夕方のニュースなど情報源はたくさんあります。

大人になるといろいろなことが当たり前になり、「なぜ」と問うことが減っていきます。子どもを持つことでもう一度当たり前のことを知る機会ができます。お母さんにとっても新鮮な驚きがたくさんあることでしょう。それをぜひ楽しんでください。

大切なのは情報ではなくコミュニケーション

ツイッターやフェイスブック、ブログが流行し、いつでもどこでも携帯電話でアクセスできるようになりました。離れていても友だちとつながっている感覚を持てるので、とても便利で楽しいことでしょう。でも、子どもが小さいうちはなるべく携帯電話は脇に置いて、子どもとのコミュニケーションに時間を費やしてほしいのです。

特に三歳ぐらいまでは言葉や情緒の発育にとって、大変重要な時期です。幼児向けのテレビ番組やＤＶＤでも言葉を教えますが、その言葉を子どもが真似たときに「そう、赤い花よね。よく言えたわね」とテレビは褒めてくれません。

繰り返しになりますが、親とのコミュニケーションで身につけられるものがたくさんあります。逆にいうと、それがなければ身につかないのです。「うちの子はおしゃべりをあんまりしない」と思うのであれば、もっともっと子どもに話しかけてあげましょう。

POINT

□インターネットなどで得た情報は周囲の人の意見や自分なりの工夫をプラスして、自分独自の生きた情報にしましょう

□子育ては「なぜ?」という素朴な疑問を持つチャンス。お母さんも好奇心を働かせ、子どもの興味を引き出してあげて

□もっとも大切なのは子どもとのコミュニケーション。お母さん同士の情報交換は子どもがいないときにしましょう

受験領域のここに役に立つ

語らいの理解　言葉の音遊び（同音異義語・同頭語・同尾語）　言語推理（なぞなぞ）

復唱　お話作り　道徳　判断

「子どもの好奇心と自立心を育む教育を」

転ばぬ先の杖では自立心は育たない

子どもがけがをしないために、子ども用の切れないはさみがありますが、私のお教室では普通のはさみを使います。正しい使い方と危険性を教えれば、けがをすることなく使うことができます。

「まだ小さいから」とお母さんがすっぽり包み込んでお世話をしていると、子どもは「やってみよう！」とできないことにチャレンジする気持ちを失います。

そもそも「子どもは遊びの天才」です。大人のような既成概念がないので、好奇心旺盛で自由な発想ができるのです。それを「危ないからだめ」「汚れるからだめ」と規制したり、「これを使ってやりなさい」などと子どもの好奇心やチャレンジする気持ちにブレーキをかけてしまっているのは大人です。

子どもの成長とともに、お母さんも背後から見守ることができるようになってほしいと思っています。本当にできないときは、子どものほうからアドバイスを求めてきます。そのときはじめてアドバイスしてあげればいいのです。見守る勇気を持ちましょう。

指示待ち人間を作らない

「ああしなさい」「こうしなさい」と指示ばかりしていると、子どもはお母さんの顔色をうかがったり、指示を待つようになります。また、お母さんがいつも言ってくれるので、誰も何も言わないと不安になって何もできなくなります。

私は、まずはあまり細かい指示を出さず、子どもに自由にやらせます。例えばシール貼りでも、自由にやらせると個性が出ます。自由奔放にあちこち好きなところに貼る子もいれば、丁寧に並べて貼る子もいます。個性にいい、悪いはありません。工作が終わったら、お友だちの作品を見て、素敵なところを褒めあうようにします。

褒められた子は次はもっとがんばろうと思うし、褒められなかった子はどうしたら褒められるか自分で考えます。そして褒められた子を真似るようになるでしょう。真似るというのは成長過程でとても大切なことなのです。

それを先走って「○○ちゃんと同じように、並べて貼って」と指示すると、その時点で子どもは楽しめなくなってしまいます。「やらされている」と感じてやったことは身につきません。お稽古に行くのも楽しくなくなります。

自主性を育てる。難しいようですが、実は簡単なことなのです。必要なのは、大人の忍耐力と、丁寧な声かけなのです。

失敗しても諦めない強い気持ち

人生のハードルは簡単に飛び越えられるものばかりではありません。ときには低いハードルでも越えられないこともあります。子どものときから、倒してもいいから何度でも挑戦する気持ちを育てるのはとても大切なことです。焦らずじっくりと、そして諦めずに取り組むことを応援してください。そのときはつらくても、きっとあとでその何倍も大変なハードルを越える力が身につくはずです。

運動会を思い出してください。走るのが得意な子ばかりではありませんが、不得意でも懸命にゴールを目指す姿はとても素晴らしいものです。運動以外のことでも、挑戦し、ゴールに向かって一生懸命になることを応援しましょう。

子どものときにハードルを越える喜びや、倒れたハードルの起こし方を知っておけば、チャレンジすることを恐れません。

「うちの子は無理に背伸びをしなくていい」とはじめから決めているお母さん、お父さんもいます。でも、子どもには無理ということがありません。

もちろんすんなり成功するとは限りません。失敗すれば子どもは悔しくて泣くでしょう。でも諦めずにチャレンジし続ければ成功し、ニコニコと笑う子どもになるのです。はじめから諦めるのではなく、失敗してもチャレンジし、大きな達成感を味わわせてあげましょう。

POINT

□「転ばぬ先の杖」的な教育法をやめ、子どもの成長を後ろから見守る余裕を持ちましょう

□細かい指示をするのはやめ、子どもの自主性を育てる工夫をしましょう

□失敗を恐れず、なんでも挑戦する大人になるためには、子どものころに諦めずに何度もチャレンジして成功する体験をしておくことが必要です

受験領域のここに役に立つ

集中力　数の構成　数の多い・少ない　模写　聞き取り　四方見の観察

持久力　忍耐力

「テレビやゲームにお母さんの座を奪われていませんか？」

子どもらしい遊びをさせたいのだけど……

幼児用の番組はよくできたもので、子どもは集中して見ます。「この番組を見せておけば静かにしているから」と録画した番組を何度も流すお母さんも。その間にお母さんは家事をしたり自分の時間が持てるのでとても便利なのでしょう。

でも、子どもはお母さんの真似をして家事をやりたがりませんか？　ところが「ママ忙しいから邪魔しないで」という言葉で子どもはやる気を失ってしまうのです。お母さんが自分一人でやったほうが効率的かもしれませんが、子どもは家事を手伝うことでさまざまなことを学びます。家族の一員である自覚も芽生えます。そんな大切な機会をテレビやゲームに奪わせてしまうのはもったいない！　これからは「忙しい」という言葉は封印して、時間がかかっても子どもと一緒に家事をしましょう。

一方で、テレビやゲームではなく子どもらしい遊びをさせたいけど、どんな遊びをさせたらいいかわからないという声も聞きます。お母さんがテレビやゲームの代わりになって子どもを楽しませるには、お母さんも一緒になって楽しんでしまうのがコツです。

例えば、秋の天気のよい日なら、公園に行ってみましょう。まずはどんぐり集め。お母さんと子どもとで、どれだけ多くのどんぐりを集められるか競争です。集めたどんぐりを地面に並べて、顔を作ってみましょう。目をもう少し大きくしてみよう。眉毛は木の枝を使ってみようか？　アイデアを出しながら、一緒に楽しみましょう。子どもも夢中になるはずです。

POINT

□「ママ忙しいから」は子どものやる気をそぎ、萎縮《いしゅく》させる言葉。今日から封印しましょう

□家事も遊びも、子どもと一緒に楽しむのがよい子育てのコツ

受験領域のここに役に立つ

巧緻性《こうち》　知恵　想像力　言語　観察力　推理　お話作り　折り紙　絵画

「子どもの夢を育むコツ」

魅力を教えることが夢の入り口に

人生にはいろいろな道があります。その選択のきっかけを与えてあげられるのは、身近にいるお母さんです。

以前は男の子の憧れといえば仮面ライダーやウルトラマンといったヒーローが定番でした。ところが最近ではそのとき見たものに憧れはしますが、執着しなくなっています。多種多様なものにあふれた世の中になり、ひとつのことに執着しなくなってしまったようです。

何かに執着しないというのは、その魅力についての知識が乏しいから。子どもが興味を持ったものには、いろいろな角度から情報を集めて教えてあげましょう。

子どもに限ったことではありませんが、目標がないというのは実にさみしいものです。目標があれば、それに向かって粘り強くがんばる力がわいてきます。あわてない。焦らない。そして諦めないで目標に向かっていきましょう。

きっかけはいたるところにあります。子どもの夢の入り口を一緒になって見つけ、「この夢が叶ったらうれしいね」と話してあげてください。お母さんやお父さんが子どものときに抱いていた夢を語ってあげるのもお勧めです。子どもを勇気づけてあげることができるでしょう。

POINT

□目標を持つ素晴らしさをお母さんも理解しましょう
□夢の入り口を示してあげるのはお母さんの役割
□ときにはお母さん、お父さんが子どものときに抱いた夢を教えて勇気づけてあげましょう

受験領域のここに役に立つ

模写　推理　記憶　言葉　様子の言葉（お話の記憶）　集中力

子どもを伸ばす上手な励まし方、叱り方

考えさせることが必要なときも

褒めて伸ばすというのはとても大切なことです。

「お手伝いしてくれてありがとう！　とても助かったわ！」という魔法の言葉で、子どもたちはお母さんのためになったと人の役に立つ喜びを感じ、そしてうれしい気持ちが芽生えるでしょう。そこからやる気や思いやりの心が育ち、人として大切な心のちからが身につくでしょう。

では悪いことをしたときはどうでしょうか。叱るべきときには叱らなければなりま

せん。もし、悪いことをしても一度も叱られたことがなかったら、どんな大人になってしまうのでしょうか。何か失敗をしたときに「でも」と言い訳をするのではなく、なぜ失敗したのかを自分で説明し、「もう一度がんばらせてほしい」と言えるようにするためには、小さいときからの積み重ねが大切です。

子どもは思いがけないことをするものです。大人のほうが驚いてしまって、叱るつもりが「なんでそんなことしたの！」と言ってしまうことがありませんか。子どもは「なんで」と言われると、なぜそうしたかを考えてしまいます。例えば友だちをぶったときなどは、「だめなことはだめなのよ」とその場で叱りましょう。

逆にきちんと考える時間を与えることが必要な場合もあります。例えば食卓の手元に水の入ったコップが置いてあって、それをこぼしてしまったときなどがそうです。「手の前に置いたからこぼしちゃったんじゃない？」と一度目は教えてあげましょう。二度目、三度目は「この前、お母さんがどうしてこぼしたかお話ししたわね。どうしてだっけ？」と考える時間を与えてください。子どもは手元に置いたからと気付くことでしょう。

POINT

□「褒めて伸ばす」が子育ての基本

□叱るべきときは「なんでそんなことしたの!」はNG

□不注意によるミスには、考える時間を与えて原因に気付かせましょう

受験領域のここに役に立つ

間違い探し　パズル　同図形発見　推理　記憶力

語彙の理解と様子を表す言葉　常識

「五感磨きでほとばしる好奇心を育てる」

日々のワクワクを大切に

日々の暮らしの中ではともするとお忘れがちですが、今日という日は二度ときません。昨日と同じような一日でも、同じ日はないのです。来年もまた季節はめぐりますが、子どもはずっと成長していることでしょう。

同じ場所でも天気が違ったり、季節が違うことで、感じ方も変わります。室内でテレビやゲームで遊んでいたのでは気付かないことがあるのです。雨降りだからといって部屋に閉じこもるのではなく、ときにはレインコートと長靴で出かけてみましょう。晴れの日には見すごしていた発見があるでしょう。

私のお教室では五感磨きを大切にしています。毎月さまざまな行事を行い、子どもの好奇心を育てます。それがなければ学ぶ幸せが生まれません。

第2章では語彙力、表現力、想像力の育て方、第3章では五感磨き、第4章では家にあるものを使ったエコ工作、第5章では食育について詳しく紹介していきます。いずれもお母さんが工夫すれば日々の生活の中でできるものばかりですので、ぜひ実践して子どもの好奇心を育ててあげてください。そしてワクワクして生活をすることがどんなに楽しいことなのか、実感させてあげましょう。

POINT

□同じ日は二度ときません。毎日を大切に過ごしましょう

□子どもの五感を磨くことで生まれ、ほとばしる好奇心が、学びの楽しさを子どもに教えます

□日々のちょっとした工夫で子どもの学びを深いものにできます

受験領域のここに役に立つ

言葉遊び　知恵遊び　運動遊び　巧緻性　生活習慣　常識

第2章

語彙力、表現力、想像力を身につける

言葉はコミュニケーションにとって欠くことのできない大切なツールです。お母さんや友だちとのコミュニケーションはもちろん、頭の中でも思考を整理するのに役立ちます。

言葉を知れば知るほど、子どもの内面の世界が広がっていきます。豊かな感情を伴う生きた言葉をたくさん獲得していくにはどうしたらいいのでしょうか。

第2章では、遊びや生活を通して言葉を理解し、豊富な語彙力、表現力、想像力を身につける方法を伝授しましょう。

「言葉を発する前から言葉を獲得している」

生まれたばかりのころの丁寧さで

生まれたばかりの赤ちゃんは、言葉を知らないので、お母さんは一語一語丁寧に声をかけます。朝がくれば「おはよう」と抱き上げ、「ママよ」「パパですよ」「かわいいね」「おいしいね」と一生懸命です。子どもがそれに反応を示すようになると、うれしくなって何度も何度も同じ言葉を教えようとするでしょう。

ところが、その状態に慣れていくと、文章で語りかけるようになるお母さんがいます。子どもはなんでもわかっているわけではないので、こちらは伝えているつもりでも、子どもは理解できていません。生まれたばかりのころを忘れずに、一つひとつの言葉を何度も丁寧に教えていくことを忘れないでください。

大人に話しかけるように早口で言うのではなく、子どもが理解できるようにゆっくりと話すことも大切です。伝えるという気持ちを持って話しかけてあげましょう。

正しい日本語を教えましょう

乳児期に幼児語を使うのは賛成できません。幼児語は簡単な言葉に言い換えているように感じるかもしれませんが、「ワンワン」「ニャーニャー」は動物の名前ではなく鳴き声です。「犬」が「ワンワン」と鳴く、「猫」が「ニャーニャー」鳴くというように、正確に教えてあげましょう。

食事のことを幼児語では「マンマ」といいますが、「マンマ」と「ママ」は音が似ています。耳がよく、鮮明に聞き分けられる子どもならば問題はないでしょうが、すべての子どもがそうとは限りません。混同してしまう言葉を使うのではなく、「ご飯を食べようね」ときちんと伝えましょう。

　また、よく目にするのがおばあちゃんやお父さんの名前を聞いたときに「ばあば」や「パパ」と答える子どもです。お母さんが教えなければ名前を答えられないのは当然です。

　苗字も名前も知らなければ、「おばあちゃんにお手紙を書こう」と言われても書けません。普段呼びかけるのは「おばあちゃん」でかまいませんが、折に触れておばあちゃんの名前も教えましょう。大人にとっては当然のことも、子どもは知らないということを忘れず、赤ちゃんに言葉を教えるようにゆっくりと、丁寧に、何度も繰り返して教えてあげてくださいね。

　子どもは字が読めないので、音で聞いて覚えるため、間違えて覚えてしまうこともよくあります。「スパゲティ」を「スパペッティ」、「髙島屋」を「タカシヤマ」。子どものこのような間違いはとてもかわいいものですが、ただ笑って「かわいい、かわいい」と喜ぶのではなく、正しい言葉をそのときにちゃんと教えてあげてくださいね。

　大人が喜んでいると子どもは間違った言葉でも使い続けます。それでは肝心なときに何が正しいかわからなくなってしまいます。普段から注意してあげてください。

言葉を覚えるには三歳までの過ごし方が重要

子どもたちと接していると、語彙力が低下しているのを実感します。それに伴い、会話も乏しくなっています。子どもをバギーに乗せて街を歩きながら、お母さんは携帯電話をいじっているといった光景がよく見られますが、第1章でも書いたように、お母さんが子どもとのコミュニケーションをとっていないのが原因なのではないかと思います。

「うちの子は恥ずかしがりやで、あんまりおしゃべりができない」「お稽古事をいろいろやらせているけれど、何もできない」などと嘆くお母さんは多いですが、それは土台作りができていないからなのです。お稽古に行かせていることで、やったつもりという勘違いをしているのです。

子どもによって土台作りにかかる時間は違いますが、あわてることなくじっくりと時間をかけられるのは小さいときです。幼稚園に入る前、三歳までの間になるべくお母さんとの接触を多くして、語彙を増やしていく。あとからその時間を持とうとしても、成長とともになかなかとれなくなってしまうものなのです。

子育てに不安やストレスを感じることもあるでしょう。それを解消するために、ママ友だちとの仲を大切にするお母さんが多いようですが、向き合うべきは友だちではなく、目の前にいる子どもです。

児童館に行ったり、ママ友だちと会うと、お母さん同士の会話に花が咲き、子どもとの会話はなくなってしまいます。子どもは子ども同士で遊んでいるように見えるかもしれませんが、まだ小さな子どもは友だちとの遊び方を知りません。注意深く見ていると、遊んでいるのではなく、ただ動いているだけということが多いのです。

ぜひ、子どもと一緒に濃密な時間を過ごしてください。天気がいい日もあれば、悪い日もあるでしょう。そのときどきを子どもと一緒に味わってください。そうすれば必然的に子どもとお話をする時間も増えるし、教えてあげることも増えるでしょう。

働くお母さんも考え方は同じです。保育園では保育士さんが面倒を見てくれますが、お母さんとの時間はかけがえのないものです。一緒にいる時間が充実した、内容の濃いものになるよう、知恵を絞った子育てをしましょう。質のよい時間であれば、たとえ短時間でも子どもにとってさまざまな学びがあります。

一つの言葉を繰り返し使う

では、丁寧に言葉を教えるにはどうしたらいいのでしょう。私のお教室に一歳一カ月でお稽古に来た子がいます。お母さんは一生懸命話しかけていたのですが、その子にとっては言葉が意味のあるものとして入っていませんでした。

そこでお教室では「赤」を教えることからはじめました。折り紙の赤、ボールの赤、りんごの赤など身近なものや、クリスマスのポインセチアを見せて「赤いお花」と話しかけたりと、赤に集中して教えました。赤がわかるまでは他の色は教えず、「これは赤じゃない色ね。赤はどっち?」と、とにかく赤にこだわりました。

これを繰り返すうちに「赤」と言うようになりました。赤のシールを貼るときも、「赤、赤、赤、赤」と口に出して貼っていきます。聞いたことがあるので、自分が言いたいと思えばあっという間に口にするようになるのです。口に出して言うと、思っていることが明確になり、覚えるのも早くなります。

よく、お母さんたちは「わかった?」と子どもに聞きますが、子どもは「わかった？」と聞かれたら「うん」と答えます。でも、「うん」と答えてもわかっているわけではありません。子どもの口からその言葉が出てくるまで、何度もリピートさせましょう。

赤の次は青、その次は黄色、緑、と順番に一つずつ語彙を増やしていきました。

POINT

□生まれたばかりのころを忘れず、一語一語、丁寧に繰り返し言葉を教えましょう

□子どもはお母さんとのコミュニケーションの中で言葉を獲得します。濃密な時間を過ごすよう心がけましょう

□「ワンワン」「マンマ」といった幼児語ではなく、正しい日本語を使いましょう

受験領域のここに役に立つ

語彙の理解　語彙　文章の記憶　記憶力　推理力　数　数当てゲーム　様子の言葉

お話や本を最大限活用して感性と語彙力を育てる

読み聞かせの前にまずお話を

私が子どものころや子育てをしていたころは、絵本の読み聞かせをするより前に、『桃太郎』などの昔話を大人が子どもに話して聞かせていました。その習慣を取り入れませんか?

赤ちゃんは視野が狭いので、絵本を見せるよりもお話を聞かせるほうが効果があります。本を一冊丸暗記する必要はありません。お母さんが覚えているところだけのダイジェスト版でもかまわないので、気楽な気持ちでお話を聞かせてあげましょう。

また、少し大きくなって絵本を見るようになっても、絵を見せながらの読み聞かせではお話よりも絵に夢中になってしまいます。まずは絵を見せずに読んであげてください。子どもは一生懸命話を聞くでしょう。これが指示行動につながります。

でも、ただ読んでいるだけでは子どもは飽きてしまいます。女優になったつもりで、抑揚をつけたり、子どもの興味をひくような工夫をしてください。CMや幼児向けの番組をヒントにしてもいいですね。きっと子どもたちもそれに対して抑揚をつけたり、ジェスチャーを交えて、一緒に楽しむでしょう。

それらを経てから一緒に絵を見ながら読み聞かせをしてあげましょう。

「静」の時間を取り入れてメリハリのある一日を

外でかけまわる時間が「動」とすると、昔話を聞かせたり、絵本を読み聞かせたりする時間は、「静」の時間です。寝る前だけでなく、ご飯を食べた直後などにも、このような「静」の時間を取り入れるといいでしょう。メリハリのある一日を作るのに役立ちます。

昔話や童話を読む時間はお母さんやお父さんにとっても大切な時間です。久しぶりの童話に懐かしさもこみあげてくるでしょう。自分の過去の思い出もぜひ語ってあげてください。今のお母さんからは想像もつかないことを、子どもは知ることになるでしょう。

中にはお母さんが知らない話もあるでしょう。そんなときは、子どもと一緒にワクワクして楽しみましょう。わからないところは一緒に想像したり、辞典や図鑑などいろいろなもので調べたり、人に聞いたりするのも楽しいですね。子どもと同じ時間を共有し、読み聞かせの時間を素敵なものにしてください。

子どもに読んであげたい本

書店や図書館の絵本コーナーに行くと、目をひく絵本があふれています。おしゃれなものや話題の本もたくさんあって興味をそそられますね。でも私はまずは昔話や昔ながらの童話を読んであげてほしいと思います。昔話や古くから伝わる童話には道徳や教えがこめられているからです。

最近、道徳がなくなってきているのを感じて、とても嘆かわしく思います。誰もが一人で生きているわけではないので、道徳は必要です。

大人の世界でも『論語』が見直されたりと、昔から言われていることに目を向けるようになっています。それと同じように子どもに道徳を教えてくれるのが、昔話や童話です。物語の中で語られている内容、教えを、大人がきちんと説明してあげてください。

また、『シンデレラ』や『白雪姫』は女の子が夢を見るためのものではありません。女の子向け、男の子向けと判断せずに、まんべんなく読んであげましょう。

私がこれはぜひ読んであげてほしい、という本を次のページにあげました。お母さんたちも子どものころに感じたワクワク感を思い出すことができるのではないでしょうか。

読んであげたい本

三匹のこぶた
白雪姫
ブレーメンの音楽隊
小人のくつや
ヘンゼルとグレーテル
おおかみとななひきのこやぎ
うさぎとかめ
北風と太陽
おしゃれなからす
田舎のねずみ　町のねずみ
ありときりぎりす
欲張りな犬
うそつきのひつじかい
桃太郎
一寸法師
きんたろう
浦島太郎
こぶとりじいさん
さるかにばなし
長靴をはいた猫
はなさかじいさん
ジャックと豆のき
はだかのおうさま
かぐやひめ
おやゆびひめ
オズのまほうつかい
おむすびころりん
したきりすずめ
ピノキオ

理解が深まる丁寧な説明を

私のお教室では季節や自然現象にあわせて工作をしますが、それにあった本も読み聞かせます。例えば二〇一二年五月の金環日食のときは『北風と太陽』を読みました。でも、小さい子はまだ東西南北の概念がないので、北風と言われてもよくわかりません。そこで童謡の「たきび」に「北風ぴいぷう吹いている」という歌詞があることを思い出させ、寒い冬の冷たい風であることを理解させました。

さらりと読んだだけでは、子どもには理解できないことがたくさんあります。わからないことは聞くように言いますが、そもそもわかったか、わからないのかにも気付いていないことがあるのです。何度か繰り返し読むことで、新しい発見に気付くこともあるでしょう。

教えるのに丁寧すぎることはありません。何冊も読むのではなく、一冊を丁寧に、そして何度でも読んだほうがよいことを忘れないでくださいね。

本が好きになるということ

本というのは、読まなければいけないものではありません。でも、本を読むことで知らなかったことを発見できます。身近にありながら、読む人の世界を広げてくれるものです。

知らなかったことを発見できるのは、とても素晴らしいこと。読書が嫌いだと、さまざまなことを知るチャンスを逃してしまいます。本の読み聞かせや本との出合いを通じて、大人が読書の大切さを教えてあげましょう。

本を読むことで、知らなかった言葉を覚えることもできます。先ほど『北風と太陽』の話をしましたが、この話をとても気に入った子どもがいました。はじめは物語に出てくる「旅人」の意味がわかりませんでしたが、丁寧に説明したことで理解し、「私も旅人になってみようかな」と「旅人」という言葉を使うようにもなりました。

興味を持った言葉は覚えるのも早いです。本がそのきっかけになり、子どもの中には、たくさんの言葉の種がまかれます。

本を読めないと他の勉強にも影響が出ます。例えば算数の文章問題が解けない。計算問題は解けても、その先に進めません。

学びの宝庫、図書館を活用しよう

今は大型の書店やインターネット通販で、すぐに本が手に入る時代ですが、私は図書館の利用をお勧めします。書店で見ているだけでは、気に入るかどうかわからないというのが理由の一つ。もう一つは公共の場である図書館を通じて、さまざまなことを学ぶことができるからです。

図書館は本を読むところですから、大きな声で話したり、館内を走ったりしてはいけません。そういったマナーを教えることで、ＴＰＯを意識することができるようになります。

たくさんの本も、五十音順に整理されて並んでいるととても探しやすいですね。整理整頓の大切さ、元にあったところに戻す習慣を学ぶことができるでしょう。

図書館の本はみんなのものなので、乱暴に扱ってはいけません。また、期限までに返さないと読みたい人が迷惑します。図書館の本に限らず、友だちから借りたものを丁寧に扱うことや、約束を守ることを教えることができるでしょう。

図書館を利用して、特に気に入った本があれば買い求めてはいかがでしょうか。このことを通して、自分にとって必要なものか、それとも必要なものではないか判断することを教えていきましょう。

よく子どもは街頭のフリーペーパーやパンフレットを持ち帰ることがあります。子どもにとっては楽しいことですし、悪気はないのでしょうが、フリーペーパーやパンフレットは子どもが遊ぶために置いてあるのではありません。子どもがごっそり持っていってしまったら、それを本当に必要としている人の手に渡らなくなってしまいます。

自分にとって必要なものか、そうでないかを考えること、理解することはとても大切なことなのです。それを理解している子どもは、自分に必要ではないものをむやみに持ち帰ることはしません。

余談になりますが、私はブックオフもよく利用します。今は絶版になってしまった昔の良質な絵本を見つけることができるからです。こういったものを活用しながら、素敵なBOOKライフをお子さんと送ってくださいね。

POINT

- □赤ちゃんは視野が狭いので、絵を見せながらの読み聞かせではなく昔話を話して聞かせましょう
- □ただ本を読むだけでなく、わからないところを丁寧に教えることで、効果は倍増します
- □図書館を活用し、本選びとマナーの勉強をしましょう

受験領域のここに役に立つ

語彙力（同音異義語・同頭語・同尾語）　記憶　想像力　道徳　推理　観察
位置　読解力　模写　絵画　図形の分類　カードあわせ　パズル　お話作り
文の復唱　歌

「日常生活の中でも工夫次第で語彙力がつく」

昔ながらの言葉遊びで楽しみながら語彙力アップ

言葉遊びやしりとりは昔からやってきたものですね。「『あ』のつくものなあに？」といった簡単な言葉遊びやしりとりをすることで、遊びながらものの名前や言葉に興味を持つきっかけになるでしょう。

しりとりでも、台所にあるもの、身につけるもの、動物などの縛りを設けることで難易度が増します。その子の語彙力にあわせて、難易度を調節しましょう。

意外に子どものほうが知恵が働くので、台所にあるもののしりとりでも、冷蔵庫の中の野菜を出すなど予想外の展開になることもよくあります。遊んでいる中で『る』のつくものが見つけられなかった」と悔しい思いをすれば、何か「る」のつくものを見つけたときには喜びを感じます。感情の動きが伴うことで、印象が強まり忘れにくくなるでしょう。

言葉を覚えるために特別なツールはいりません。どこでも、誰とでもできる昔ながらのしりとりやなぞなぞなどの言葉遊びを活用しましょう。これらが受験に向けての、同意語や同音語、逆さ言葉の勉強にもなります。

スーパーマーケットで知恵磨き

日常の生活にも、語彙を増やしたり勉強ができたりする場所がたくさんあります。例えばお買い物です。スーパーマーケットでお母さんと離れて子ども一人でお菓子売場をウロウロしている光景を見かけますが、せっかくの機会なのにもったいない！

緑の野菜、赤い野菜と色を覚えたり、無数にある野菜や魚の名前を覚えることができるでしょう。季節によって売場にあるものも変わっていきます。「旬」という言葉がわからなくても、「春になったから竹の子が出てきたわね」「ソラマメは夏の野菜よ」と会話する中で、季節の野菜や果物を理解できるようになるでしょう。

魚やタコなどは切り身で売っていることが多いですね。そんな場合も、「これがタコよ」と教えて、家に帰ってから図鑑で調べてみましょう。足が八本あることや骨がないことなど、いろいろ教えてあげられます。

数を教えたいときもスーパーマーケットなら教材がたくさんあります。

「今日のサラダにトマトを入れようと思うの。パパが一個、ママが一個、あなたは半分、お姉ちゃんも半分食べると、全部でいくつ買ったらいいかしら？」

「今日と明日とあさっての三日間、家族四人でバナナを一本ずつ食べるんだけど、何本必要かな？」

レジで会計をすませて買ったものを袋に入れるときも、どういう順番で入れたらよいか一緒にやってみましょう。重いものは下へ、割れやすいものやつぶれたら困るものは上へ。牛乳は重い。卵は割れやすい。食パンはつぶれたら困る。大人にとっては当たり前のことでも、子どもには当たり前ではありません。あえて一つひとつ言葉に出して教えることが大切です。

また、どうやったら上手に入れられるか。例えばほうれん草などはビニール袋の中に手を入れてほうれん草をつかみ、ビニール袋をかぶせるように中と外を引っくり返して元に戻せば上手に入れられます。知恵を使うと子どもの目が輝きます。お手伝いもとっても楽しいものになるでしょう。

大人も子どもも知恵を鍛えるのに格好の場所がスーパーマーケットなのです。

ちょっとした言葉がけで学びが広がる

スーパーマーケットでの学びは店内だけに留まりません。家に帰ってから「スーパーマーケットで最初に売っていたのは何かしら?」「今日は赤い果物があったわね。小さい丸いもので二つでぶらぶらしているものってなんだっけ?」と確認することで、記憶力を高める練習をしたり、なぞなぞをしたりと楽しむことができます。

そのためには、ただ行って戻ってきただけでは子どもの記憶にインプットされません。一緒に店内をまわり、言葉をかけてあげることが大切です。

買ってきた野菜を子どもと一緒に調理することでも、子どもの興味を引き出し、好奇心を育てることができます。最近ではソラマメがあらかじめさやからはずされていたり、サラダ用にパックに入った葉もの野菜が売られていたりします。大変便利ですが、育児のときこそひと手間をかける労力を惜しんではいけません。

子どもと一緒にさやから豆を取り出せば、同じさやの中でも大きな豆と小さな豆があることや、さやの内側がフワフワなことに気付くでしょう。フワフワという言葉を覚えるきっかけにもなりますし、同じようにフワフワなものを連想することもできます。

何か特別なことをしなくても、一緒に家事に取り組みながら会話をする中で、あらゆることに広がりを持たせることができるのです。子どもはワクワクしながらお手伝いを楽しみ、ほとばしる好奇心を持つことでしょう。すべてお母さんの工夫次第。「時間がない」「忙しいから後にして」という言葉は封印して、ぜひ一緒に楽しい時間を過ごしてください。

POINT

□いつでもどこでもできる言葉遊びで語彙力はアップします

□スーパーマーケットでものの名前、数、旬、さまざまなことを教えましょう

□家に帰ってからもお母さんの意識と工夫次第で、学びは広がります

受験領域のここに役に立つ

言葉遊び　歌　様子の言葉　語彙力　お話の記憶　巧緻性　規則性　記憶力

位置　指示行動　パズル　感情表現　理科的知恵

想像力を膨らませ、豊かな表現を身につける

子どもながらの突拍子もない発想を大切に

「へぇー！　そんなこと思いついたの！」と大人が感心するような、豊かな発想力を持つ子どもらしい子どもが減っているように思います。なんでも決められたとおり、四角四面の子どもたち。

子どもの個性を大事にしたいと言いながら、親たちが同じ情報を使っているのがその原因ではないかと私は思います。その子が持っている個性を大事にしながら、お母さんが上手に伸ばしてあげましょう。

そのためには想像力を育むことが欠かせません。といっても、特別な道具や教材はいりません。身近なものを活用しましょう。

前項でソラマメをさやから取り出すお手伝いをしながらいろいろ知識を広げていくという例を出しましたが、捨ててしまうソラマメのさやに顔を描いてみてはいかがでしょうか。お母さんが手本を見せると子どもはそれがインプットされてしまうので、一緒に描いて見せあいっこしましょう。

笑顔のソラマメならどんな会話をするのでしょう。お母さんのソラマメが涙をこぼしていたら？

「このソラマメ、泣いてるよ。なんて声をかけてあげる？」とさらに想像力を働かせるように導きましょう。

連想ゲームもイマジネーションが広がります。

「この野菜、○○に似てるね」こんな会話がキッチンから聞こえてくるといいですね。

現実にはないことを想像することが、クリエイティブの第一歩です。「それはおかしいんじゃない？」と否定しないで、夢の世界をどんどん広げてあげてください。

童謡から表現力を磨く

本の読み聞かせのところで、絵を見せずに本を読んで聞かせるという話をしましたが、同じように童謡も想像力を働かせるのに役立ちます。ＤＶＤを見せるのではなく、ＣＤやお母さんの声で歌って聞かせてあげましょう。

『浦島太郎』や『桃太郎』、『一寸法師』といった童話に基づいた童謡は、歌詞が五番ぐらいまであり、物語があらかたわかります。童謡を聴いて、そこからイメージするものを絵に描いてみるのもおもしろいです。子どもの想像力で描かれた世界は、「へぇ～」の連続です。

童謡は最近では使われなくなった言葉を使っている場合もあるので、そのときは意味がわかっているのか確認することも忘れずに。わからないことは聞いたり、調べたりするというきっかけ作りにもなります。

例えば『一寸法師』ならば、お椀を用意して、その中に一寸法師が乗っているところを想像したり、ときには、お人形をお椀に入れてみて絵を描きます。お椀と一寸法師が描けたら、その背後に川と地面の線をひいてあげましょう。空、地面、川にそれぞれ色を塗れば、子どもが描いたとは思えないような見事な出来栄えになります。

ちょっとしたアイデアを授けることで、完成度があがり、子どもも「上手に描けた」という達成感を味わうことができるでしょう。

この達成感はとても大切なもの。途中で飽きてしまう子どももいるでしょうが「最後まで塗ってみようよ。そうすればきれいになるよ」と、最後まで仕上げることを促しましょう。

「今日は時間がないから」とお母さんの都合で途中で切り上げるのはもってのほか。食事の最中に席を立たないのと同じように、日々の生活の中で、最後までやることを当たり前の習慣としていくことを心がけましょう。

普段の生活の中で語彙を増やしたり、想像力、表現力をつける方法をお伝えしましたが、いかがでしたか。次の第3章では、五感を磨く方法をお伝えしましょう。

POINT

- □現実にはないことを想像する、連想することで、クリエイティブな心を育てることができます
- □目から入る情報ではなく、耳からの情報で想像力を育みましょう
- □絵に表すことで表現力もアップします

受験領域のここに役に立つ

言葉の記憶　想像力　歌　文章作り　季節　理科的常識　推理　数のやり取り

絵画　巧緻性　表現力

第3章

暮らしの中の五感磨き

第2章では、昔話を聞かせたり本を読み聞かせたりするなど、聴覚を使って集中力を養い、語彙を増やしていくという話をしました。第3章では、五感全体を刺激する暮らしについてお話ししていきましょう。

私のお教室では、遠足や工作などさまざまなことをしますが、それぞれ関連させて子どもの好奇心を引き出しながら、五感を磨くようにしています。

例えば遠足では、事前に遠足をテーマにした工作をしたり本を読んだりします。当日は歩いて体を使うほか、絵を描き、お弁当を食べ、帰ってお母さんに話します。工作で手先を使い、遠足で体を使い、本を読んだりお母さんに話したりすることで言葉を使います。外でお弁当を食べることで風を感じ、絵を描くことで想像力、表現力を養います。

大きなイベントだけでなく、日々の暮らしでも同じように五感を刺激して、好奇心を引き出すことができます。そんな工夫を紹介しましょう。

なお、味覚については第5章で食育としてさらに詳しく説明するので、そちらも楽しみにしてください。

「紙とクレヨンを持って出かけよう」

ひとつの場所でじっくりと

デジタルカメラや携帯電話についたカメラのおかげで、好きなだけ写真や動画が撮れるようになりました。かわいいわが子の成長を記録しておくにはとても便利な道具です。ただ、撮ったあとにきちんと整理して、何度も見直すならいいのですが、写真に収めたことで満足して、記憶には残っていないことも多いのではないでしょうか。

いろいろな体験をさせようとときには子どもたちもマイカメラを持って出かけます。子どもにカメラを持たせると、写真を撮るという行為に熱中してしまい、そのときの風景や風の様子などを見たり感じたりしていないことが多いようです。ファインダー越しにしか見ていないというのは、とてももったいないことです。

そこで提案したいのが、出かけるときには紙とクレヨンを持っていき、その場で絵を描くことです。写真を撮るときは一瞬ですが、絵を描くためには自分の目で見て、手を動かさなければなりません。漢字を覚えるときと同じで、目と手を使うことで記憶にインプットされやすくなります。

絵を描くためには、ある程度時間が必要です。家族旅行では、なるべくたくさん観光したい、いろいろなものを見てまわりたいと思うかもしれません。でも、それは大人の都合ではないでしょうか。家族旅行は子どものテンションもぐっとあがるとき。そんなときだからこそ、九歳ぐらいまでは、子どもの一生の土台となる感性を育てることに力を注いであげてほしいのです。

分刻みであちこちまわるのではなく、一つのところにじっくりと時間をかけて滞在し、子どもの記憶に残るような旅行にしてあげてください。そのほうが、大人になったときに家族との大事な思い出になるでしょう。そして、家族との心温まる思い出は、何かのときにその人に力を与えてくれるものです。

遠足から帰ったら、描いた絵を見ながらお話

私のお教室では、毎年決まったところに遠足に行きます。遠足の前には、去年のことを話して子どもたちに思い出させますが、子どもたちはすんなりと「去年はこんなことがあったよね」と思い出します。それは、遠足のときは必ず絵を描き、家に帰ってお母さんに絵を見せて遠足のことを説明するからなのです。

絵がないと、「遠足どうだった？」「楽しかった？」「お茶の木はどんなだった？」とお母さん主導の会話になりがちです。親が先走ってはいけません。絵を見ても、何が描かれているのかわからないこともありますが、だからこそ、そこを子どもの言葉で補ってもらうのです。子どもは一生懸命話すでしょう。その過程で、さらに記憶が定着していきます。また、言葉による表現力も身につきます。

去年の記憶がしっかりあれば、今年との違いにも気が付きます。

例えば毎年お茶摘みに行きますが、小さな子どもにとってお茶の木は大きなものです。絵にも大きな木が描かれます。でも、翌年行ってみると、思っていたほど木が大

きくないことに気付きます。それは自分の身長が伸びているからです。子どもは自分の成長を実感することでしょう。ことあるごとに絵を描くので、絵心も育ち、同じお茶摘みの絵でも一年でまったく違うものになります。

描く習慣を身につける

絵を描くことを負担に思う子どももいるでしょう。でもそれを乗り越えることを学ばせるのも大事なことです。そのためには、立派な作品を描かせようとしないこと。きちんと完成させることは必要ですが、他の子どもと比較せずに、おおらかな気持ちで見守ってあげましょう。

私が教える子どもたちは、ことあるごとに絵を描いているので、描くことに抵抗がありません。「さあ、絵を描きましょう」と言うと、当たり前のように絵を描き始めます。負担を乗り越えるためには、描き慣れることも必要ですね。

絵だけでなく文章も、子どものころからまめに書く習慣を持っていると、大人になってからも苦手意識を持つことがありません。読者のみなさんの中には、筆まめな人を尊敬し、うらやましく思う方もいらっしゃるのではないでしょうか。子どもにそんな思いをさせないためにも、まめに書く習慣を作ってあげましょう。

日記や絵日記をつけるのも、書くことへの抵抗が減るよい習慣です。お教室では、文字をすべて覚えていない子は、五十音の表を見ながら書きます。文字がわからない子が日記を書くのですから、はじめは大人がついていてわからない字を一緒に探してあげる必要があります。何時間もかけて、子どもの日記書きにつきあうのは確かに大変です。

でも、続けていくうちに、文字を覚えていくので、短い時間で書けるようになります。まさに、継続は力なりです。そして、日記を書く習慣から、自学自習の基礎がついていきます。これから成長していく子どもにとって、とても大事な時間なのです。日記は子どもの成長の記録でもあります。いいことばかりではなく、失敗したことや大変だったことも日記に書かせましょう。

人生は楽しいことばかりではありません。苦労することもたくさんあります。でも、苦しいときを乗り越えるからこそ、楽しいことがより楽しく感じられます。それが生きる力です。子どものときから、そのことを覚えさせてあげましょう。

POINT

□ 記憶を鮮明にするため、絵に残すことを習慣にさせましょう
□ 描いた絵を見ながら、遠足の様子を子どもに説明してもらいましょう
□ 日記をつける習慣で、自学自習の基礎作りをしましょう

受験領域のここに役に立つ

絵日記　想像力　指示行動　言葉の記憶　言葉の表現　記憶力　位置
運動能力　敏速力　迷路　自立心

「季節のイベントを楽しむ」

日々の違いを楽しみ、季節を感じましょう

もっとも五感を刺激するのは、四季を感じられる行事や遊びではないでしょうか。私のお教室では、竹の子掘りやお茶摘み、田植え、潮干狩り、大根掘りなど季節にあわせた行事のほか、初詣や節分などの伝統行事も取り入れて、日本人ならではの細やかな感性と知識を教えます。

ここでは、ご家庭で簡単にできる、四季にあった生活の楽しみ方をご紹介しましょう。

桜を見ながら食べるお弁当の味は格別

春

冬の終わりごろから待ち遠しくなるのが、桜の開花ではないでしょうか。少しずつ膨らんでいくつぼみ。暖かい日と寒い日が交互にやってくる「三寒四温」を経て、つぼみはほころびはじめます。お散歩の途中で桜の木を見つけたら、つぼみの日々の変化を楽しみましょう。

桜が咲いたら、お弁当を持って待ちに待ったお花見です。春の暖かい日差しに感謝しながら食べるお弁当のおいしいこと。外で活発に遊ぶ季節がやってきます。

桜はお花見で終わりではありません。花が散ると、桜の木はすぐに葉っぱに覆われるようになります。風が吹いたとき、葉っぱはどのような音を出すのかな？　葉っぱはどのように動くかな？　注意して観察するよう子どもに促してあげてください。「サラサラ」「ガサガサ」という擬音語や、理科的な常識を身につけるのに役立ちます。

夏

暑い夏には水遊びが楽しいですね。ビニールのプールで遊ぶもよし、ペットボトルでジョウロを作って遊ぶもよし。水の音もプールの中では「チャプチャプ」だけど、ジョウロからは「ジョロジョロ」と音がします。そんな違いも楽しみましょう。

同じ水遊びでも、うんと暑い日とそれほどでもない日とでは、感じ方が変わります。蛇口から出したばかりの水が冷たすぎても、太陽の熱で少し温めればちょうどいい温度に。言葉で伝え、実際に変化を見せて教えましょう。

昔ながらに朝顔を育てるのもいいですね。季節を感じさせてくれる花です。朝顔の名のとおり、朝にきれいな花を咲かせても、夕方にはしぼんでしまいます。そういった特徴も目にすることができるでしょう。しぼんでしまった花を搾って、色水を作って楽しむこともできますね。

暑い日が続く夏は朝顔に水をあげないと枯れてしまいます。お花に水が必要なように、人間にはご飯が必要なことを教えましょう。世話をする大切さとともに、毎日ご飯を作ってもらえることへの感謝の気持ちが育つでしょう。

秋

お月様がきれいに見える秋。お団子を作ってお月見はいかがでしょうか。お団子の粉を買ってこなくても、ご飯で作ってもいいですね。私のお教室では、牛乳パックで三方を作り、その上に紙を丸めて作ったお団子を載せるなど、いろいろな角度からお月見工作をします。秋の草花であるすすきを飾れば準備完了。

日が暮れたら、東の空から昇る大きなお月様を愛でましょう。耳をすませば虫の声が聞こえてくるのではないでしょうか。夏に盛んに鳴いていた蝉とは違った声ですね。「リーンリーン」と鳴く鈴虫の声も聞こえてくるかな?

お月見が終わると落ち葉の季節になります。紅葉した葉っぱを集めて色を比べてみてはいかがでしょうか。赤系のものでも、濃い赤のものもあれば、茶色っぽいもの、オレンジ色のものなど、さまざまです。違いを言葉で表すことで、表現力や語彙力が

お月見工作の例。お団子やうさぎなど、いろいろ作ってみましょう

育ちます。

落ち葉を踏んでみたらどんな音がするでしょう？　葉っぱはどうなるかな？　いろいろ体験してみましょう。

赤や黄色の落ち葉がある一方で、緑のままで葉が落ちない木があります。子どもたちは気付くかな？

春に見た桜の木はどうでしょうか？　秋から冬にかけて葉っぱを落とすけれど、枯れてしまうわけではありません。そのことも一年かけて教えることができますね。

冬

冬のはじめには、お正月を迎える準備があります。雑巾絞りや窓拭きなど、子どもにもお手伝いできることがたくさんあります。一緒に大掃除をしながら、お正月を迎えるとはどういうことなのか教えてあげましょう。

新年のはじまりであるお正月。子どもがワクワクするお年玉に、家族で囲むおせち料理。初詣に行くご家庭もあるでしょう。日本古来の慣わしやその意味を教えてあげるよい機会です。

二月の節分では、身近なものを使って鬼のお面や枡作り。それらを使って「鬼は外！　福は内！」。大きな声を出すことは、子どもの発育に必要です。思い切り大きな声を出しましょう。

テレビで報道されるような大きなお寺だけでなく、近くのお寺や神社でも節分の行事が行われます。回覧板などにも情報が載っているので、チェックしておきましょう。

夏祭りや節分など、近隣の行事に参加して、さまざまな年代の人とふれあうことはとても大事なことです。元気いっぱいに挨拶をしたり、地域の達人の技を肌で感じたりする機会があるでしょう。人と接して歳相応に学ぶことや感じることがあります。

また、年代や価値観、環境の違う人たちが互いに支えあって生きているのが社会であ

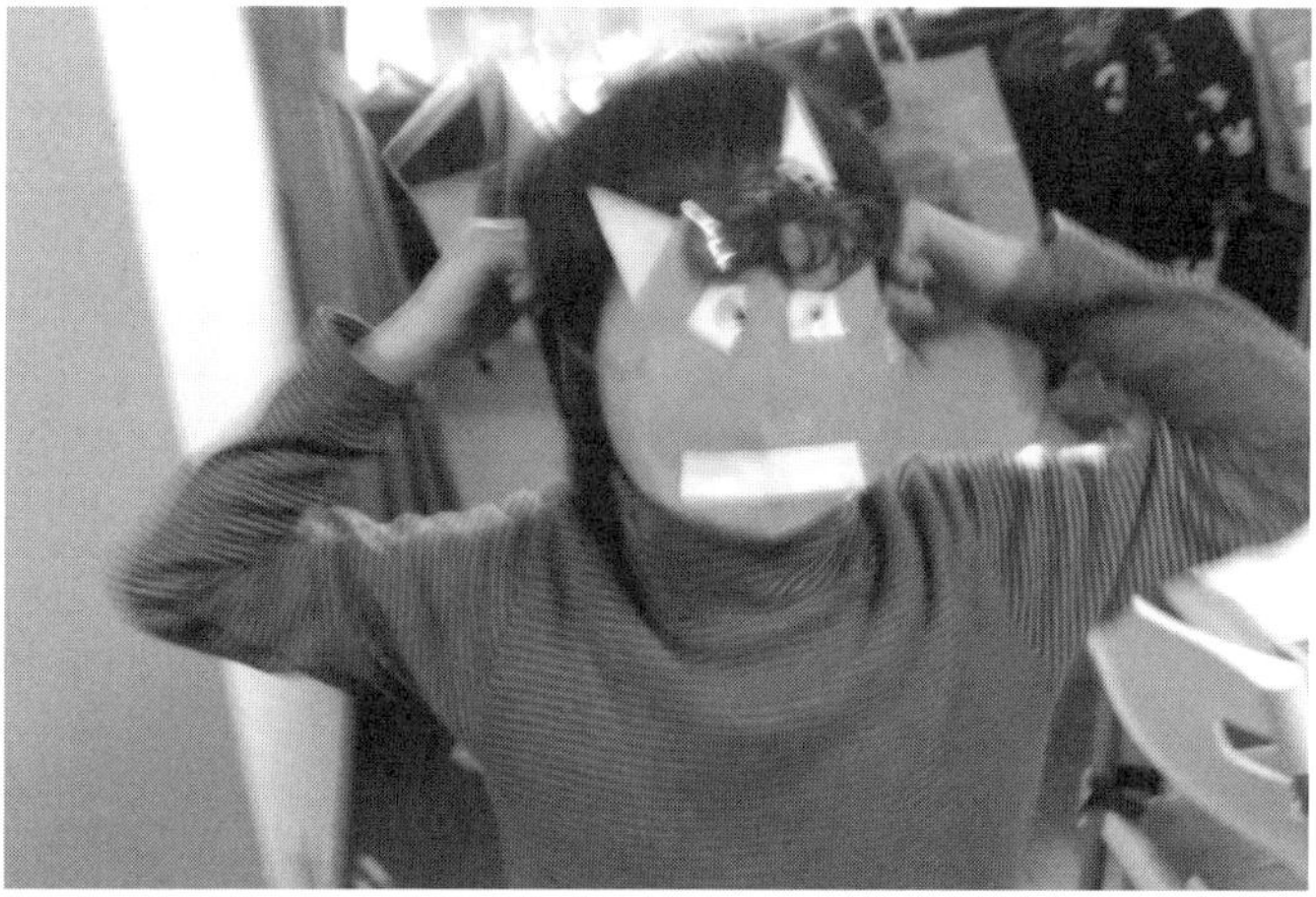
手作りの鬼のお面で、豆まきを楽しみましょう

ることを、少しずつ教えていきましょう。

グローバル化にあって、さまざまな言語や習慣を習うのは大切なことです。でも、日本独自の文化をバックボーンとして持っていなければ、いくら他国の言語や習慣を習っても日本のことを語ることができません。日本人としてのアイデンティティーがあってはじめて国際人として一人前になれるのです。

小さなときから季節を感じて五感を育て、四季折々の伝統文化に触れることは、その子にとって大きな財産となるでしょう。

POINT

□季節を感じることが五感を磨くことに通じます

□季節とともに日本独自の伝統行事や文化も教えてあげましょう

□お金と時間をかけて遠くに行かなくても、身近に行事が見つかるはずです。近隣の人とのふれあいも子どもの育ちには必要です

受験領域のここに役に立つ

季節　理科常識　道徳　記憶　具体物の記憶　言語推理　知恵　お話作り

言葉遊び　鏡　仲間分け　指示行動　絵画　巧緻性

「子どもに受け継がせたいことは何ですか？」

根気よく続けることが大事

季節にあわせて五感を磨く話をしましたが、日々の暮らしの中でも五感を磨くことができたり、子どもの学びになったりすることがたくさんあります。

例えば洗濯。洗濯物をただ干すだけでなく、色ごとにまとめて干してみませんか？赤、青、白、黒、緑、ピンク……。子どもと色を言いながら楽しむことができます。乾いた洗濯物でも仲間分け。お父さんのもの、お母さんのもの、僕のもの、妹のものと持ち主で仲間分けしたり、Tシャツ、タオル、下着、靴下と種類で仲間分けしてみたり、ゲーム感覚で家のお仕事ができます。

洗濯物のたたみ方も教えてあげてください。自分のものを自分でたためたらうれしいものです。「お父さんの分もたたんであげようか。お父さんきっと喜ぶわね」。そんな会話をしながら一緒に家事を楽しみましょう。

「子どもにやらせるとあとでやり直さなければいけないから二度手間」とは思わないでください。確かに大人がやったほうが短時間でできるでしょう。でも、せっかくの学びの時間を奪ってしまうことになります。子どもに手伝わせるのではなく、一緒に楽しむつもりで臨みましょう。

また、うまくできなかったらやり直そうと考えると二度手間になります。できないところは要点を教えなおしたり、コツを教えたり、とにかく根気よく続けましょう。こだわりを持つのが子どもの特長ですから、何度もやっているうちに体得することができます。技を習得すれば、大人顔負けの出来栄えになるはずです。

子どものころに身につけたものは、大人になっても忘れないものです。はじめは朝のカーテンを開けることでもかまいません。次第にベッドメイキング、洗濯物をたたむことなど、できることを増やしていきましょう。

子どもができるようになるまで根気よく続けるためには、お母さんが家事のための時間に余裕を持たせることが大切です。そうすればイライラすることもなくなります。余計なことをなるべく減らし、シンプルに生活することで時間を作っていきましょう。特に子どもが小さいときはあまり欲張らず、子どもの成長にお母さんの気持ちと体、そして時間を費やしてください。

五感を磨き、昔ながらの美徳を知る

角と角をあわせてタオルを丁寧にたたむ。シワがよらないように洋服をしまう。部屋の隅々まできれいに掃除する。丁寧に家事に取り組み、ものを大切にすることは知恵を使うことでもあり、また生活に対する愛着を育むことにもつながります。

丁寧に生きる、というのはとても大切なこと。これこそ子どもたちに受け継がせたいことだと私は考えています。また、どんなに世の中が変わっても、道徳や誠実さ、努力といった昔ながらの美徳を持った人は、効率が重視されグローバル化が進んだ大企業などにおいても、人の心をひきつけます。

昔ながらの美徳を身につけることが、五感磨きで一番大切なことではないでしょうか。長い間サボってきたことをなしにするようなウルトラCはありません。地道にコツコツと積み重ねていくことこそ、その人を磨くのです。そのことをお母さん、お父さん自ら手本になって、子どもたちに教えてあげてください。

POINT

□家事の中からも学ぶことはたくさんあります。子どもに手伝わせるのではなく、一緒に楽しむ感覚を持ちましょう

□丁寧な生活をする中で、昔ながらの美徳を身につけましょう

受験領域のここに役に立つ

記憶　規則性　巧緻性　仲間わけ　推理　言葉の表現　約束

生活習慣・マナー　鏡　絵画　集中力

コラム

日本の伝統行事に親しむ

日本の伝統行事にまつわる知識や文化は、意識しなければ、身につけるのが難しいものです。でも、難しく考える必要はありません。

地域のお祭りや行事にも伝統行事を残したものがたくさんあります。積極的に参加して知識を深めるとともに、挨拶を交わすことからはじまる地域の人との交流の中で、人の温かさを肌で感じてください。それが生きる力になると私は信じています。

ここでは、私のお教室で行っている行事をご紹介しましょう。特別なことはしていません。お教室だけで行うものもありますが、地域の行事に参加するものも数多くあります。

季節の行事

初詣（※）
出初め式（※）
子ども流鏑馬《やぶさめ》（※）
凧揚げ（※）
節分（※）
冬探し⇩梅祭り（※）　焚き火
（ソーセージ、パン）
春探し⇩お花見　羊の毛刈り
竹の子掘り
お茶摘み
田植え
ジャガイモ掘り
潮干狩り
（※がついたものは地域の行事です）

無人島探検
箱根一周・登山
大蛇祭り（※）
稲刈り
化石掘り
大根掘り
みかん狩り

田植えをすることで、食べ物を大切にする気持ちが育まれる

出初め式など、地域の行事に積極的に参加して楽しむ

どのイベントも、やって終わりということにはしません。これまでご紹介したように、関連する本を読んだり、絵を描いたり、工作をしたり、子どもの受け入れる素地を十分に耕した上で行事に参加し、そして終わったあとも振り返りを欠かしません。そうすることで生きたものになるからです。

そして、一度で終わりにせず、何度も繰り返し行います。季節が変われば感じ方も変わります。年齢があがれば違った角度から見ることができるようになります。さまざまに感じたことは子どもにとって財産となるでしょう。

さあ、まずは地元のイベントから探してみませんか。

第4章

身近なものを使った
エコ工作

私のお教室では季節やそのときの話題にあった工作をしています。工作で手先を動かすことは脳への刺激になります。手先が器用になると、ボタンを自分でとめるといった、日常生活の中で必要な動作をスムーズに行うことに役立ち、自立にもつながります。第3章で書いたように、お手伝いを通して家庭の仕事も上手にできるようになり、家族の一員としての自覚をますます持つようになるでしょう。

また、作品として目に見える形で成果が残るので、自信にもつながります。例えば折り紙。はじめはまっすぐに折れなくても、繰り返し折ることで、次第にまっすぐに折れるようになっていきます。その発見は、子どもにとって大きな喜びになるのです。

当然失敗することもあるでしょう。でも、お母さんは褒める種をたくさん探してあげてください。

大人が手を加えればきれいな作品になるかもしれませんが、きれいな作品ではなく、素晴らしい作品を目指すことが大切です。たとえ目の位置がずれていても、それは今だからできる作品なのです。他の子どもの作品と比べることなく、目の前の素敵

紙皿で作ったやどかり

な作品を喜び、褒めましょう。

第4章では、身の回りのものを使ってご自宅でも簡単にできる工作をご紹介します。名づけて「エコ工作」です。応用編もあるので、何度も作って楽しんでください。年齢があがったらさらに楽しめる工夫をしてみましょう。

きっと作るたびに新たな発見があることでしょう。

新聞紙でゴミ箱作り

小物入れにもゴミ箱にもなる箱作り

まずは第1章で紹介したゴミ箱。多くの言葉を覚えられるよう、「ここ」「そこ」といった指示語は使わないのがポイントです。子どもが小さい場合は「右」「左」を一緒に使うと混乱しやすいので、「右」なら「右」だけを使い、左をさすときは「反対」と指示しましょう。「右」が覚えられたら「左」という言葉を使うことが、混乱せずに早く覚えるコツです。はさみがない場合は爪でしごいてちぎるなど工夫して。工夫をするのも、工作の楽しみのひとつであることを教えましょう。

新聞紙のゴミ箱

《準備するもの》

・四分の一の大きさの新聞紙（折り込みチラシでも可）
・はさみ

《作り方》

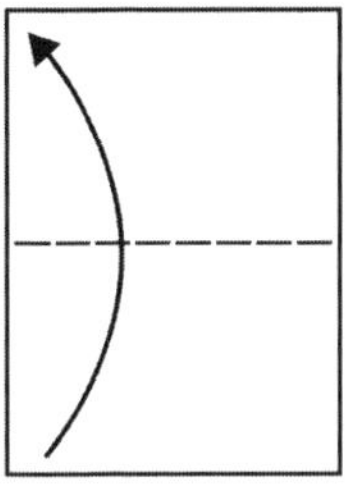

①紙を縦に置き、下の角を上の角にあわせて、半分に折る

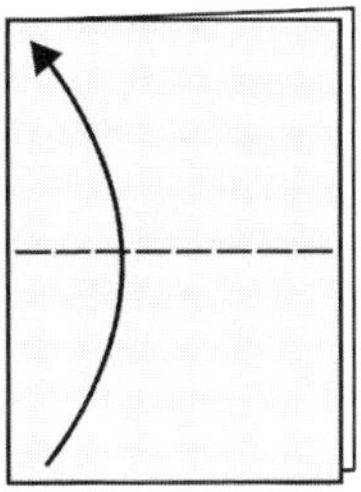

②向きを変えて縦に置き、また角と角をあわせて半分に折る

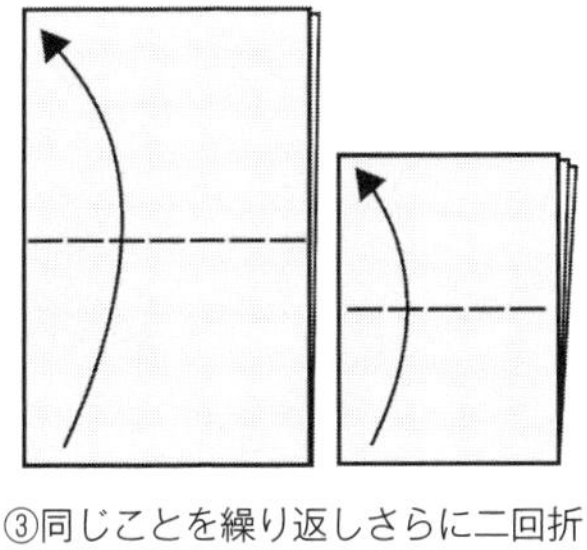

③同じことを繰り返しさらに二回折る

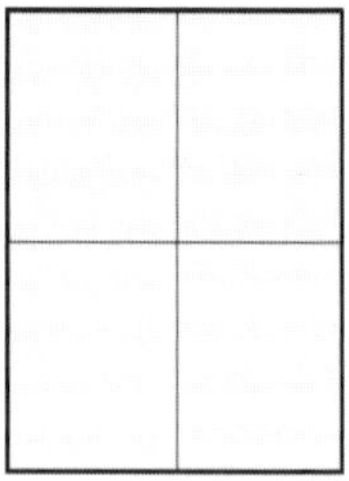

④二回ひらき、十字の線が入っていることを確認する

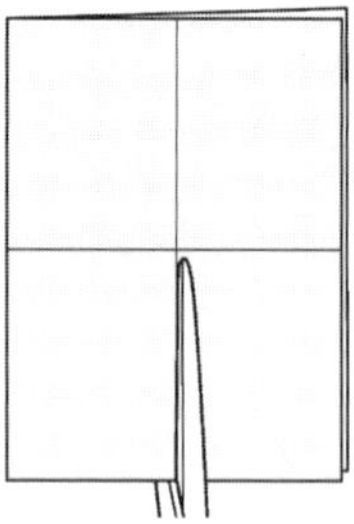

⑤手前の右角が四枚になるように持ち、下に入っている真ん中の線を十字に交わるところまで切る

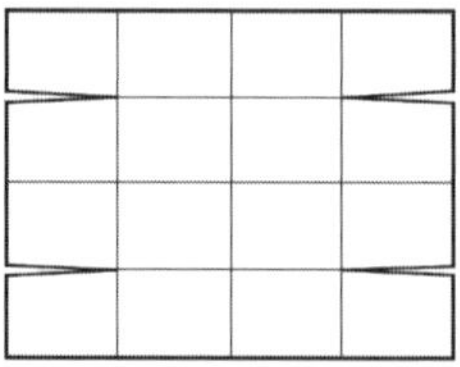

⑥すべてひらき、横の長四角になるように置く

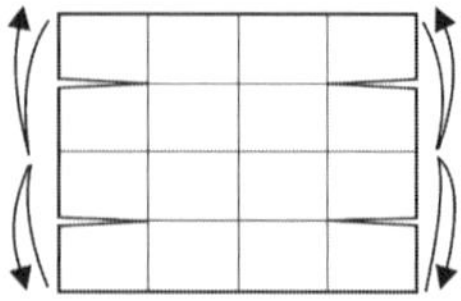

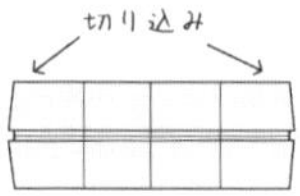

⑦下を半分まで折り、同じように上も半分まで折り、ひらく（ここで観音びらきがどういうものか教えてあげましょう）

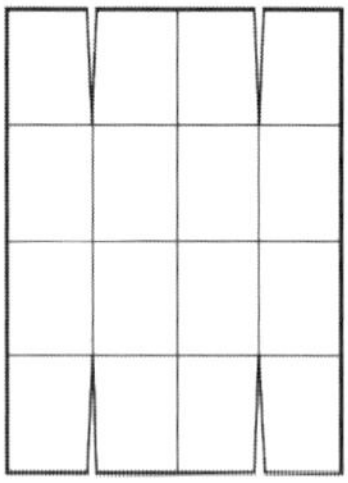

⑧紙を縦の長四角に置く

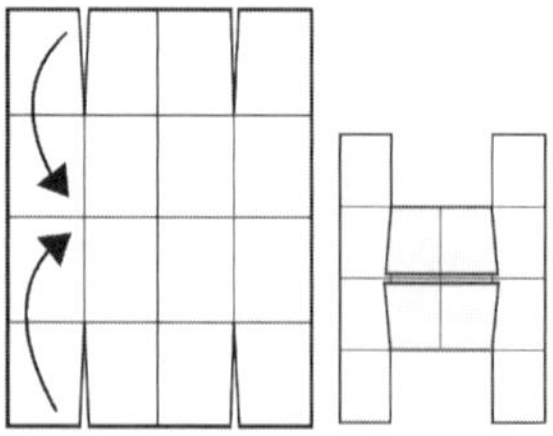

⑨上と下の一番大きな長四角（切り込みが入った部分）を半分まで折る

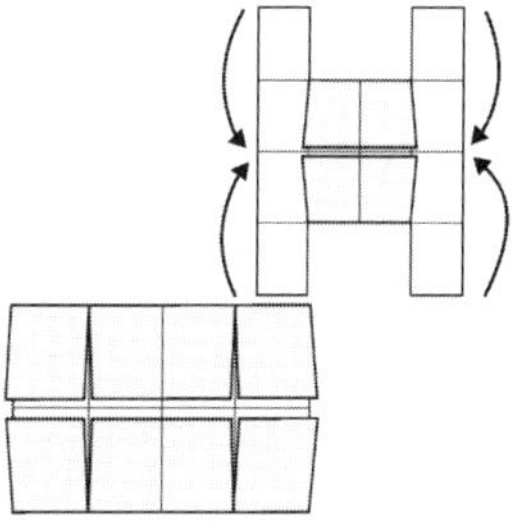

⑩両脇の小さい四角も四つ全部真ん中まで折る

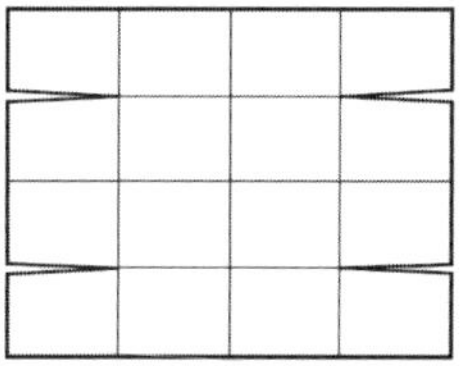

⑪すべてひらき、紙をもう一度横の長四角に置く

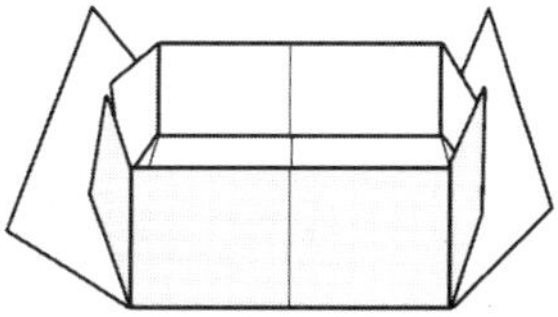

⑫上と下の折り目をつけた部分を塀のように立て、切り込みの入った小さい四角を直角になるように立てる

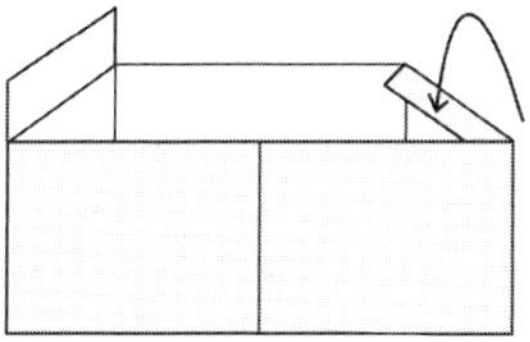

⑬右側の大きな長四角を立てて、小さい四角に沿って中に折り曲げる

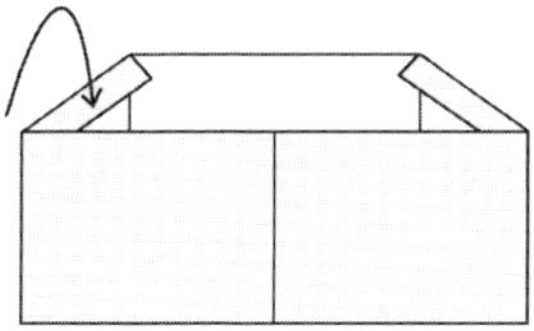

⑭反対も同じように折り曲げる

できましたか？　同じものをもうひとつ作ってふたにすれば箱になります。洒落た包装紙で作れば、贈り物にもいいですね。色紙で作り、それに頭と手足をつければ動物にも。中央に短い筒を取り付け、上にペットボトルのキャップをつければカメラに変身。アイデア次第でさまざまなものに応用できます。

　また、新聞紙を重ねると折るのが難しくなります。同じ工作でも、難易度を変えながら挑戦する気持ちを育てていきましょう。

同じ箱も工夫次第で、こんなにいろいろなものに変身

お母さんの台所仕事でも活用しましょう

お教室では机の上にこのゴミ箱を置いておき、工作で出たゴミなどをこのゴミ箱に捨てています。物入れとして使えば、整理整頓にも役立ちます。

ご家庭では、子どもと一緒に作ったゴミ箱を家事にも積極的に活用してください。例えば夕飯を作る際にいくつか手元に用意して、生ゴミ、ビニール、紙ゴミというように分別してはいかがでしょうか。新聞紙で作れば水分を吸収するので、生ゴミにも便利です。

自分が作ったゴミ箱が、お母さんの役に立っているとわかれば子どもの喜びは倍増します。また、一緒に野菜の皮むきをするなど、子どもも楽しく仕事をすることができるでしょう。

ふたをすればちょっとした小物入れになるので、そこにキッチン用具を入れておくのもいいですね。

入れるときには「ここにスプーンを入れておきましょうね」と声をかけ、時間がたってから「さっきあの箱に何を入れたんだっけ？」と確認すれば記憶の練習にもなります。

ゴミ箱作りを通してゴミの削減を学ぶ

ゴミをなるべく減らし、分別する習慣は、家庭の外でも役立ちます。キッチンでのゴミ減らしは第5章の食育でも触れますが、ゴミを減らす工夫をして、ものを大事にすることを日ごろから子どもに教えましょう。

捨て方にもひと工夫。ひとつにまとめたり、小さくたたむことで、ゴミのかさが減ります。ゴミに対しても心配りができれば、生活の他の場面にも生かされるでしょう。

また、遠足など外出先で出たゴミは持ち帰るのが基本。そのためにはゴミが出ないようにあらかじめ工夫することも大切です。ゴミ箱作りを通して、エチケットや道徳も学びましょう。

POINT

□道具がないときこそ、あるもので工夫しましょう
□ひとつの箱をアイデアを使ってさまざまなものに変身させましょう
□作った箱は実際の家事でも使い、子どもの「役に立った」という気持ちを大切に育てましょう

受験領域のここに役立つ

言葉の表現　左右弁別　擬音語　繰り返し言葉　巧緻性　形　長さ比べ
いろいろな形　立体　空間図形　模写　記憶　常識　仲間分け　理科的常識
知恵

ペットボトルで工作

飲んだあとのペットボトルも知育玩具に

どこででも手に入るペットボトル。便利でいいけれど、ゴミが増えて困ると思っている方も多いのではないでしょうか。ゴミにせず、ペットボトルを使って工作をしてみませんか。

まずは虫かご作りです。

ペットボトルの虫かご

《準備するもの》

・空のペットボトル　・ビニールテープ
・カッター　・マジック
・穴あけパンチ　・ひも
・輪ゴム　・三角コーナー用のネット
・透明のガムテープ

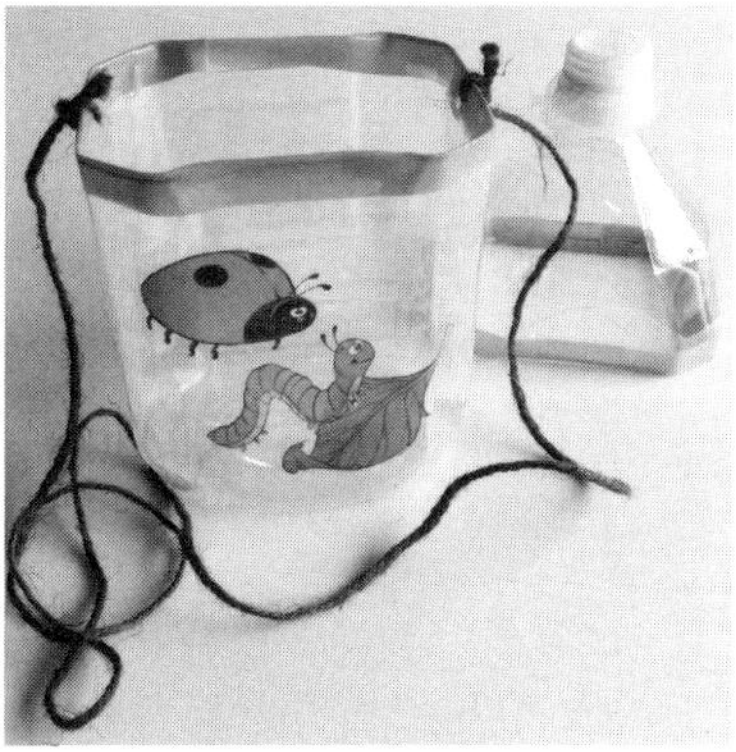

《作り方》

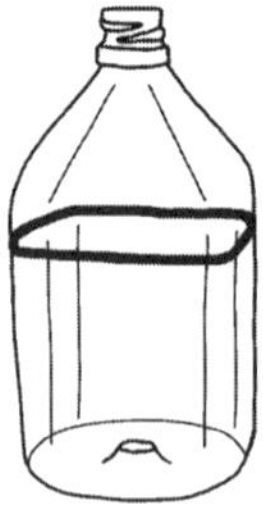

①空のペットボトルにマジックで一周、線を引く

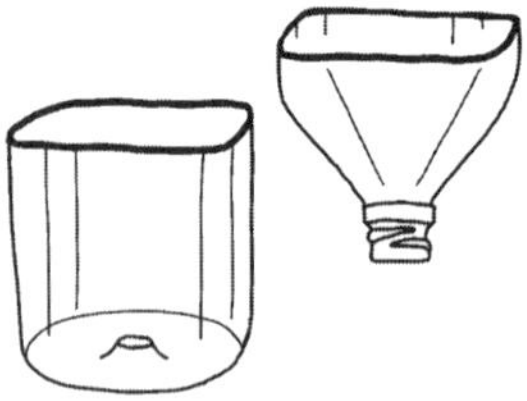

②線に沿って、カッターで切る

③切り口をおおうようにビニールテープを一周、貼る

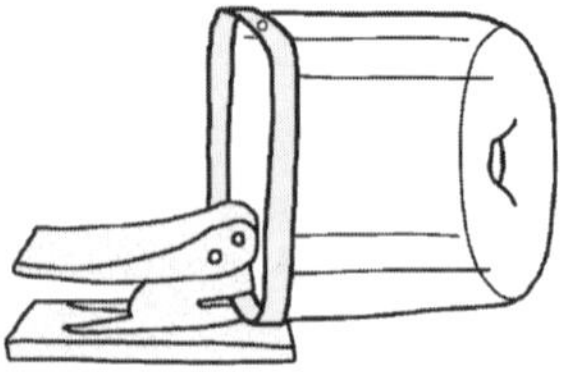

④下半分のほうに、ひもを通すための穴を２カ所あける

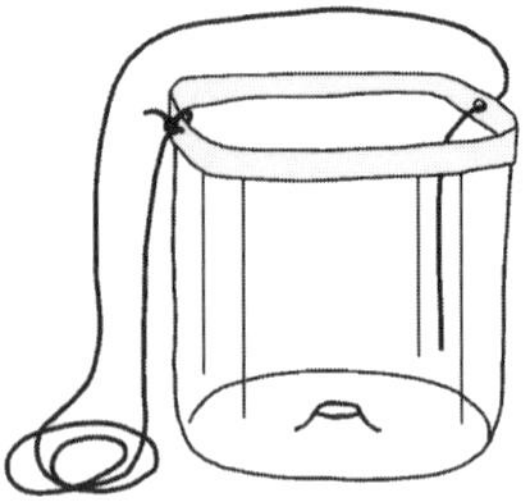

⑤首にかけられるようにひもを穴に通して結ぶ

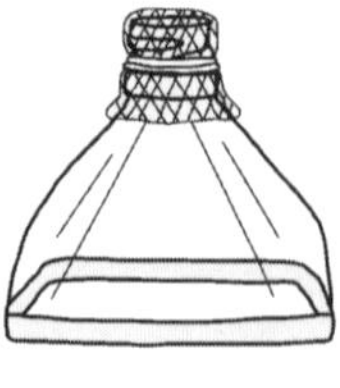

⑥飲み口にネットをかぶせ、輪ゴムでとめる

野や山で虫をつかまえたら、ふたになっているペットボトルの上部をはずして下部に入れましょう。ザリガニやカエルも入れることができます。さまざまな形、大きさのペットボトルで挑戦してみてください。中にはうまく作れないものもあるかもしれません。失敗したら、どんな形のものならうまく作れるか、お子さんと一緒に考えてみましょう。

⑦下半分に、飲み口が下になるように重ねてふたをする

⑧ペットボトルに絵や模様を描き、透明のガムテープを貼り付けて、自分だけの虫かごの完成

色水作りで理科の常識を身につける

液体を入れるというペットボトルの特性を生かし、色水を作って遊んでみましょう。

《準備するもの》

・色のついたクレープ紙（五色分）
・半分に切ったペットボトル
・水
・はさみ

《作り方》

①好きな色のクレープ紙を折り紙サイズぐらいに切る（紙の大きさによって色の濃淡が変わります）

②ペットボトルに切ったクレープ紙を入れる
③そこに水を注ぐと色水の完成！
クレープ紙から色を出しましたが、朝顔など季節の花からも色水を作ってみてください。

ペットボトルに折り紙で作った顔や手足をつければ動物に変身です。

作りたい動物にあった色水を作ろう

☆色水を混ぜて、いろいろな色を作ろう

赤、青、黄色、緑、黒の色水を作ったら、それを混ぜてさまざまな色水作りに挑戦です。赤と青を混ぜたら何色になるかな？　オレンジを作るには何色が必要かな？

同じ色を作ろうとしても、色水の配合によって色が変わります。理科的な常識を学びながら、いろいろな発見を楽しんでくださいね。

☆サイズの違うペットボトルで量の勉強をしよう

2リットル、1リットル、500ミリリットルなどさまざまな大きさのペットボトルを二本ずつ用意しましょう。

大きさの違うペットボトル二本の、同じ高さまで色水を入れます。どっちの量が多いかな？　同じ大きさのペットボトルに移し変えて確認してみましょう。

同じ大きさのペットボトル二本に、同じ高さまで色水を入れます。違う大きさのペットボトルに移し替えると、色水の高さはどう変わるかな？　実際にやって確かめてみましょう。

受験での未測量の分野の勉強に役立ちま

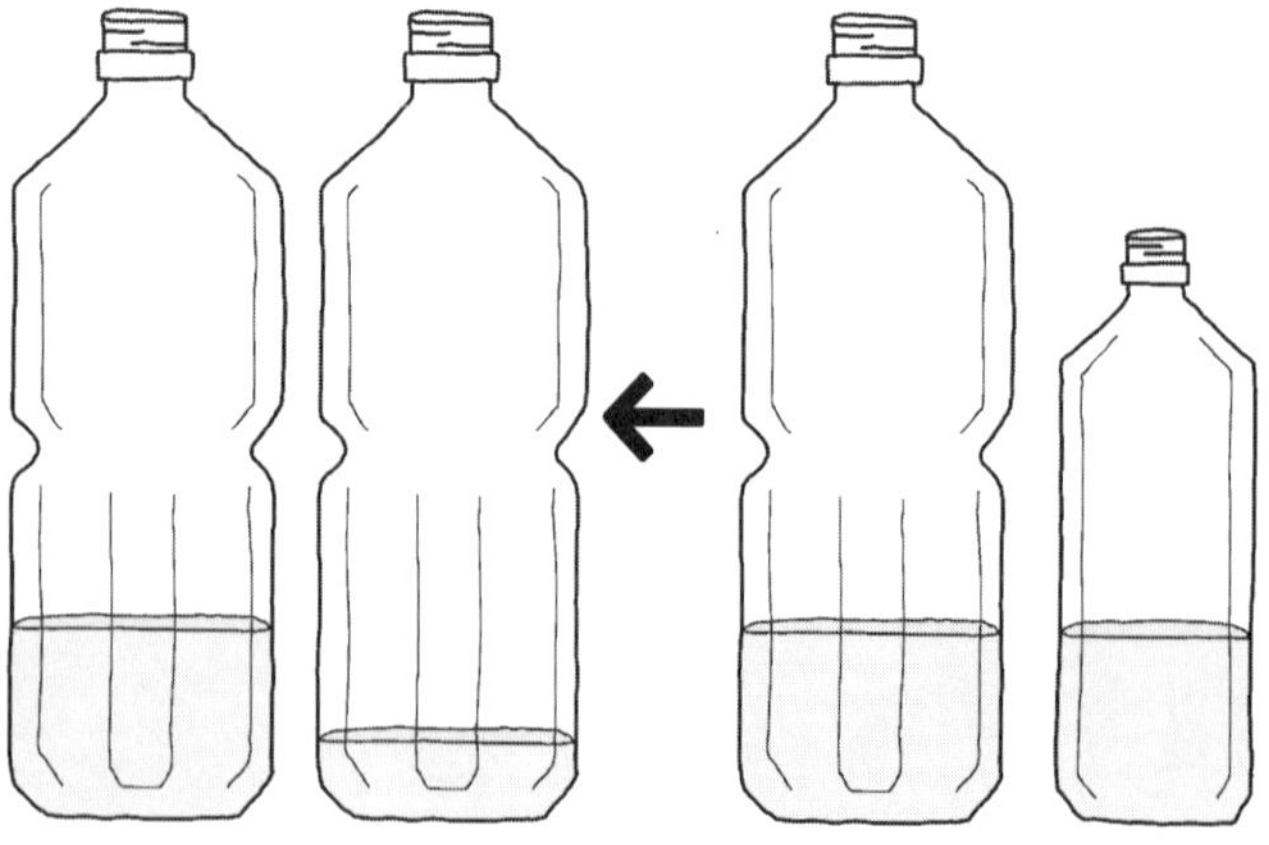

す。

同じ量のお水に違う量の砂糖を入れたときに味はどうなるかということにも応用できるので、いろいろ試してみてください。

道具を作るのも楽しい工作のひとつ

ペットボトルにひと手間かけて、ジョウロを作りましょう。

キャップに穴をあけて、お水を注ぐ口を切ればできあがり。切り口には、安全のためにビニールテープを貼ります。ビニールテープで模様を作っても楽しいし、シールを貼ったり、マジックで絵を描いたら、自分専用のジョウロのできあがり。

自分で作ったジョウロを使うと、水やりも楽しくなるでしょう。お花を大切に育てれば、お花にも命があることがわかります。毎日お水をあげていれば、お花が咲いたときには、きっとニコニコと顔が輝きます。素敵で幸せな思い出になりますね。

お花とゆっくりお話をして、やさしい時間を持ちましょう。ペットボトルをそのまま使ってもお花にお水はあげられますが、ひと手間かけて、雨のようなやさしいお水のあげ方がわかるといいですね。うっとうしい雨も、大切なものであることがわかります。

忙しい時間の中でも、ちょっとした工夫でスローな時間を楽しみたいですね。

キャップの代わりに、お風呂用洗剤などの容器のふたをペットボトルにはめれば、またまた、簡単なジョウロになります。スプレーの口をつけてもいいし、100円ショップに行くと、ぞうのおはなのようなキャップも売っています。ケチャップや、マヨネーズの容器を使って作ってもいいかもしれません。

ペットボトルなどの容器は、ちょうど子どもが持ちやすい大きさですから、簡単にジョウロに変身しますね。

夏は、お花にお水をあげたあと、水でっぽうにしたり、的当て遊びをしたり、地面にお水でお絵描きをしてみるのも楽しいものです。

「ジョウロから出る水の音はどんな音?」と、第3章で紹介したように擬音語の勉強にも使ってください。

ところで、最近では、熱中症予防などの観点からもこまめな水分補給が言われて、ペットボトルを持ち歩き、直接口をつけて飲むことが一般的になりました。でも、以

ペットボトルジョウロの作り方

《準備するもの》

・ペットボトル　・ビニールテープ
・カッター　・目打ちやキリなど

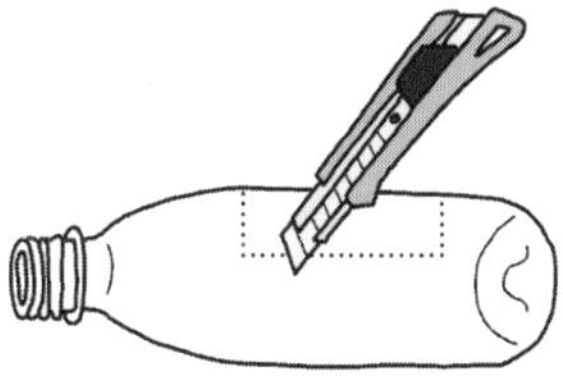

②ペットボトル本体をカッターで切りとり、水の注ぎ口を作る

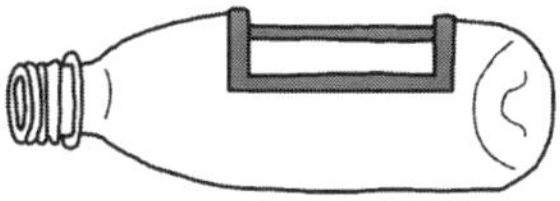

③注ぎ口にビニールテープを貼り、キャップをはめて完成

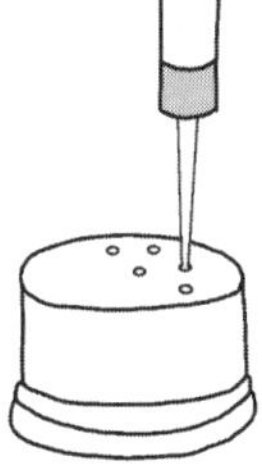

①ペットボトルのキャップに、複数の穴をあける

前は瓶からそのまま飲むのはお行儀が悪いとされていました。コップがない場合はせめてストローをさして飲んでいたものです。

こまめな水分補給は大事な習慣ではありますが、本来ならばお行儀がいいものではないことを折に触れて教えましょう。衛生面からも、ジュースなど糖分が入っている場合は、唾液が中に入ることで菌が増殖しやすいと聞きます。コップがあるときはコップを使うことをきちんと躾けましょう。

POINT

□色水の量の変化をペットボトルで学びましょう
□色水遊びで、たった五色から無数の色ができることが学べます
□自分で作ったジョウロで朝顔を育ててみましょう

受験領域のここに役に立つ

巧緻性　道具の使い方　仲間分け　理科的常識　季節の花　季節　色の作り方
未測量　言葉の表現

こいのぼりを作って季節を感じよう

ティッシュペーパーの箱がこいのぼりに変身

季節の行事はいろいろな角度から楽しんでもらいたいもの。五月五日の端午《たんご》の節句ならば、実際に空を泳ぐこいのぼりや兜を見るのもいいですし、柏餅や菖蒲《しょうぶ》湯などからも季節を味わうことができるでしょう。また、子どものころに新聞紙で兜を折ったことのあるお父さん、お母さんも多いのではないでしょうか。

箱ティッシュを使ってこいのぼり形のティッシュホルダー作りに挑戦してみましょう。

こいのぼり形ティッシュホルダー

《準備するもの》

・色画用紙二枚（違う色）
・箱ティッシュ二個
・白い紙
・折り紙四色各一枚
・黒い丸形のシール四枚
・星形シール四枚
・モール
・のり
・はさみ
・セロハンテープ

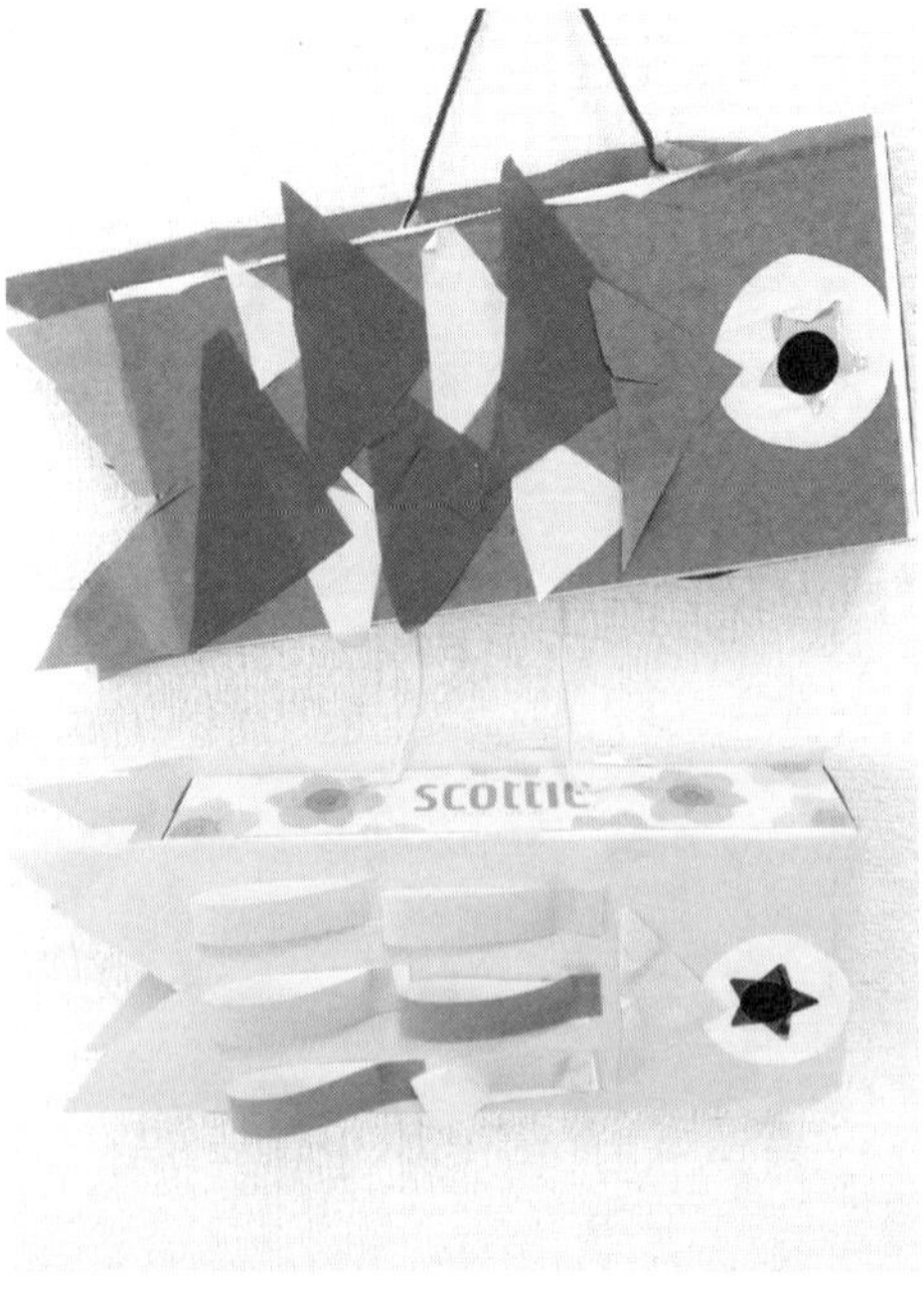

《作り方》

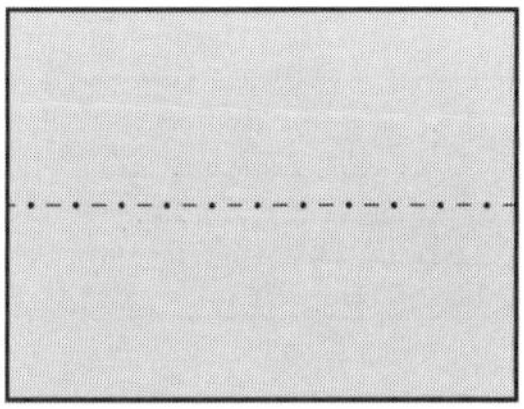

①色画用紙一枚を横長に半分に切る

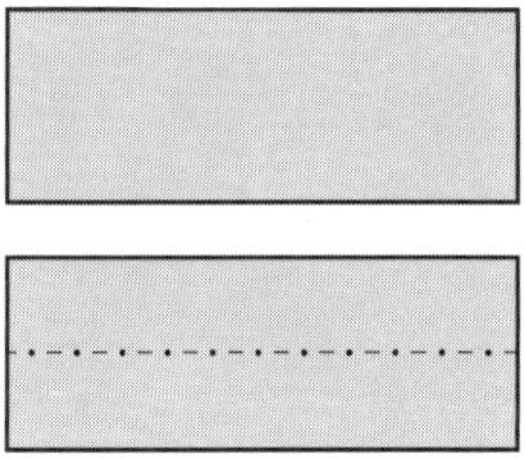

②❶で半分に切った一枚を、もう一度横長に半分に切る

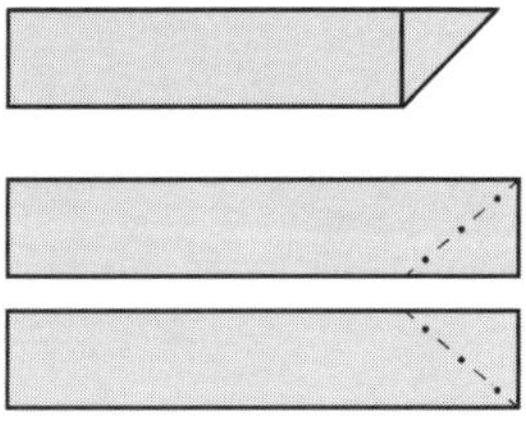

③❷の端を三角に折り、切り取る

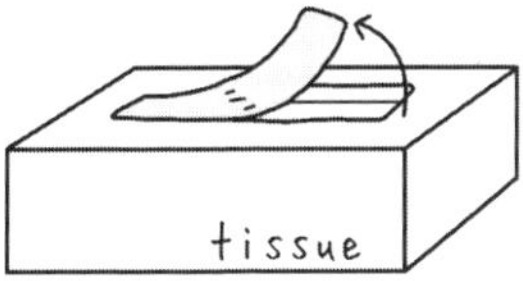

④箱ティッシュの取り口部分をはがす

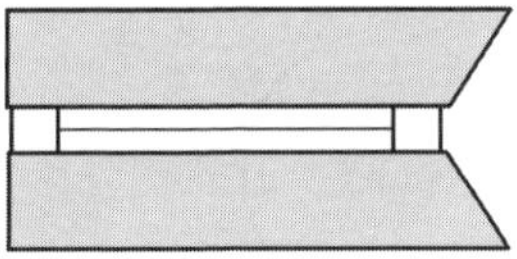

⑤取り口部分を挟むように、❸の色画用紙を貼る

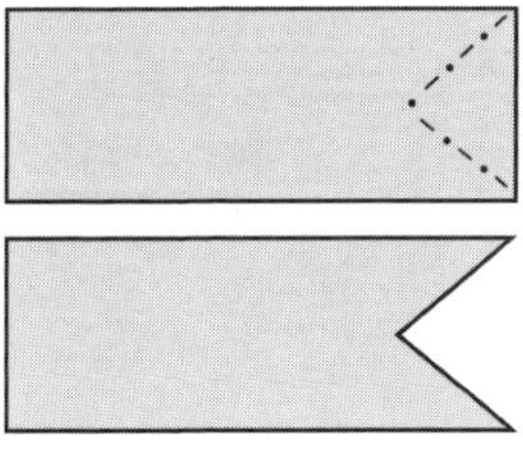

⑥❶で半分に切った紙をこいのぼりの尻尾になるように切り取る

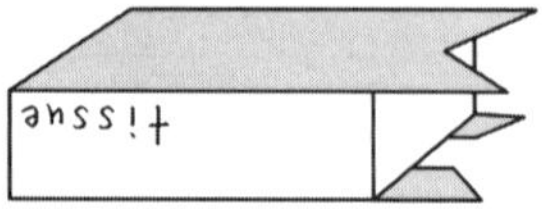

⑦箱の裏側に❻の色画用紙を貼る

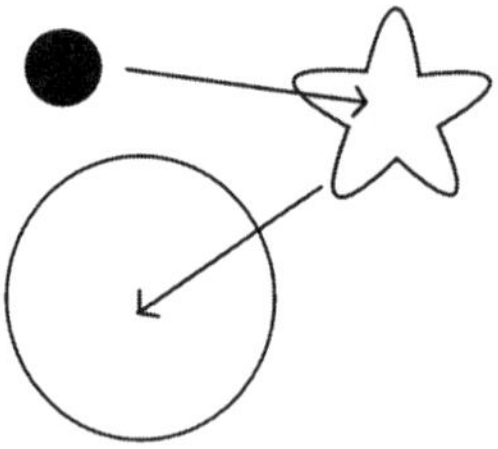

⑧丸く切った白い紙に星型シールと黒い丸形のシールを貼って目玉を作る

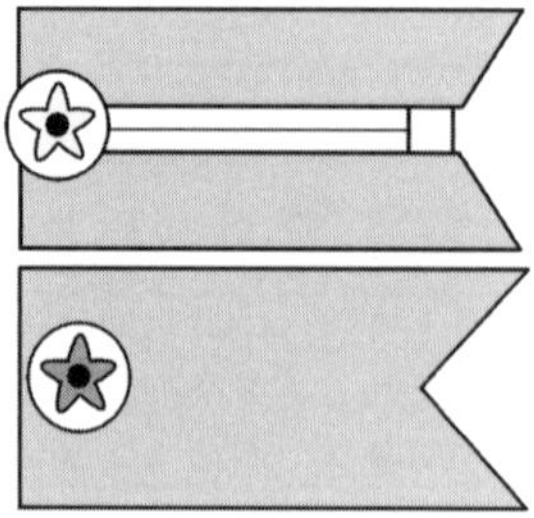

⑨目玉を箱の両側に貼る

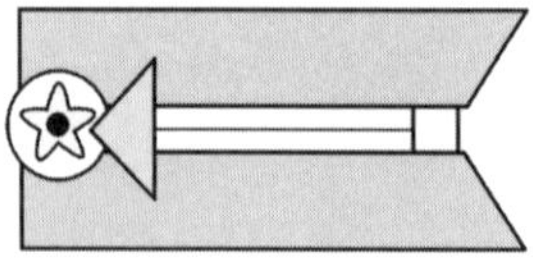

⑩❸で切り取った三角の色画用紙を貼ってヒレにする

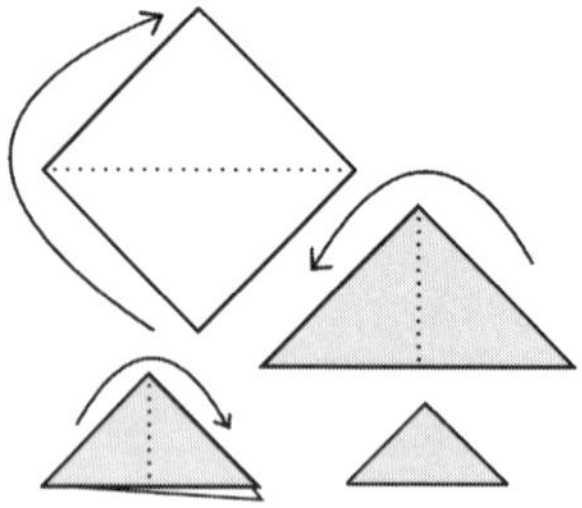

⑪二色の折り紙を折って、折り線にそって切り、それぞれ八枚の三角を作る

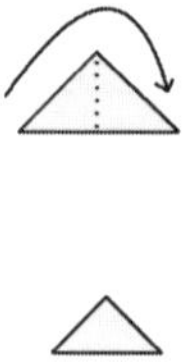

⑫片方の色はさらに半分の大きさの三角に切る

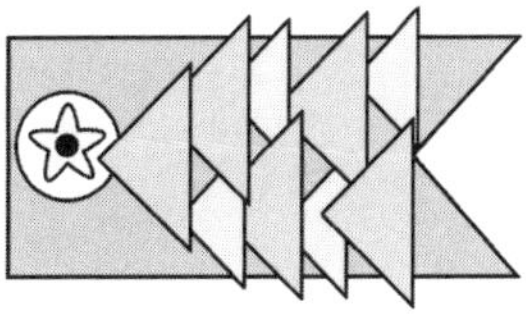

⑬裏面に大きい三角と小さい三角とを交互に貼ってウロコを作る

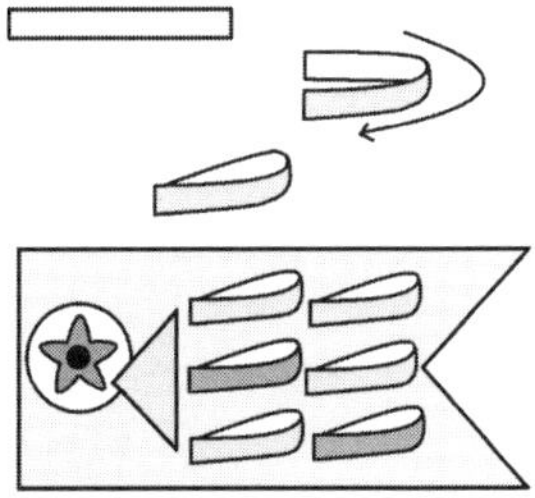

⑭別の色でもう一つこいのぼりを作る（裏側は、細長く切った折り紙を半分に折ってウロコにする）

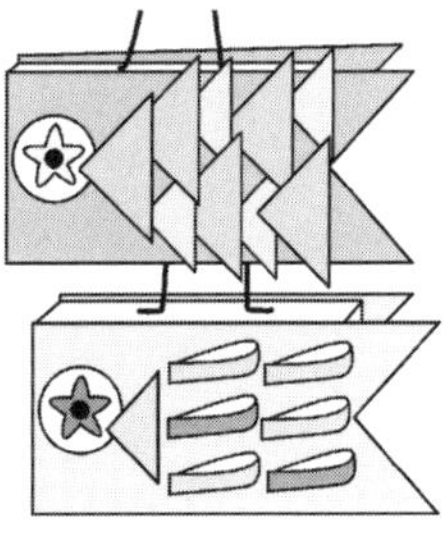

⑮モールをつけてつなげる

年齢に適した応用を

毎年端午の節句はやってきますが、そのたびに工作を変える必要はありません。同じこいのぼり作りでも、年齢に応じた工作ができます。

例えば一歳ならば鯉が線描されたプリントで、自分の覚えた色で塗り絵をします。

二歳になったら、同じプリントを使って、線に沿って小さな丸いシールを貼りましょう。シールを貼るという動作は小さな子どもにもできて、また手先が器用になるのでお勧めです。

三歳では前述のこいのぼり形のティッシュホルダーのウロコを裏面だけでなく両面に貼りましょう。

四歳ではウロコの色を増やして、規則的に貼ってはいかがでしょうか。

五歳はウロコ、目の形、大きさ、模様などさまざまに工夫しましょう。

去年と同じ工作でも、線の引き方、色の塗り方などを変えるだけでレベルがあがります。去年できなかったことができるようになった喜びも感じることでしょう。

こいのぼりをいくつか作ったら、記憶の

同じプリントでも、年齢にあわせた活用の仕方がある

練習に役立てましょう。ティッシュペーパーの箱を並べて、どういう色のこいのぼりがあったか、どういう順番で並んでいたか、どんなサイズのものがあったかなどなど、記憶の練習にはもってこいです。

何度も言いますが、こいのぼりを並べるときには言葉に出すことが大切です。そしてそのあとで、こいのぼりを見ないようにさせて記憶を確認しましょう。

ティッシュペーパーの箱に色紙を巻いて目をつけただけのこいのぼり

折り紙を折るだけでも図形の勉強に

第4章では具体的な工作の方法をお伝えしましたが、いかがでしたか。折り紙を折るだけでも図形の勉強になります。折る、切る、貼る、塗る、描くなど工作をしながら、さまざまな学びをしていきましょう。

子育てには工夫が必要という話を何度も繰り返していますが、工作における工夫も自分で考えるだけではなく、周囲の人にいろいろな意見を聞いてみてください。自分が思いつかなかったアイデアや、昔ながらのやり方などを知ることができるでしょう。子どもとともにお母さんの世界も広げていってください。

POINT

□ 季節の行事を工作の題材に取り入れましょう
□ ひとつの工作から、記憶や図形の勉強もしてみましょう
□ 周囲のアイデアを役立てながら、世界を広げていきましょう

受験領域のここに役に立つ

巧緻性　線引き　シール貼り　言葉の表現　季節　行事　量の系列
大きさ比べ　図形発見　形比べ　パズル　記憶　お話作り　歌

第5章

毎日の食事から学ぶ

毎日の三度の食事は私たちの体を作るだけでなく、気力や知力を育てるのにも必要です。生きていくためには食べることがとても大切です。昔から言われていることですが、食べすぎず、またバランスのよい食事をとりましょう。

離乳食を食べている乳幼児にも、きちんとした食育が必要です。今ではパックや瓶に入った離乳食があり、外出先でも手軽に食べさせることができます。衛生的に見えますが、家庭でお母さんの作った食事をゆっくりと食べることのほうが安全性が高いと私は思います。

お母さんは友だちとカフェなどでおいしい食事をとるかたわらで、赤ちゃんは瓶やパックに入った離乳食というのは考えものです。この時期は赤ちゃんのことを第一に考えてあげてくださいね。

バランスのよい食事をとらせたいと思っているけれど、子どもの好き嫌いで悩むお母さんも多いのではないでしょうか。嫌いなものを食べないからと、子どもが好きなものだけを作っていると、「食べてみようかな」という好奇心がわかなくなります。好奇心がわかないと、義務的に食べるということになりかねません。

嫌いなものも自分で作ると食べられるようになるもの

食べたことがないものにも「どんな味がするんだろう」「どんな食感かな」と興味を持つことが大切です。お母さんの工夫で嫌いなものを克服させていきましょう。
食育は、受験にも大変役立ちます。我が家の食文化をしっかりと残していきましょう。

「なぜ食育が大切なの？」

おふくろの味が人生の支えに

先日ラジオでスウェーデンの食育が紹介されていました。スウェーデンではミートボールがよく食べられるのですが、家庭によって味が異なるそうです。そして、キッチンではじめてお手伝いをするのがミートボールのタネをこねたり丸めたりすることだとも言っていました。まさにおふくろの味ですね。

子どものころから親しんだ家庭の味、おふくろの味というのは、大人になって心身ともに「疲れた」と感じたときに食べたくなる味ではないでしょうか。そんなホッとする家庭の味、他では食べられない特別な味というのは、大切に育てられたという実感とともにその人の支えになります。

人生には楽しいこと、楽なことばかりではなく、乗り越えなければならない大変なこともあります。そんなときに支えがあるのはなんと心強いことでしょう。

子どもはいずれ親の手を離れていきます。でもいくつになっても芯の部分で支えになってくれるのが親の愛情です。食育を大切にするのは、毎日三度の食事が体力、知力、気力を作るとともに、親の愛情を伝えることができるものだからです。

愛着を持てるストーリーを作ってあげる

食育といっても特別なことをする必要はありません。高級食材を使ったご馳走が大事なわけではありません。お母さんが丹精こめて作った食事を、家族で楽しく食べること。これこそが食育の基本ではないでしょうか。

私のお教室では毎年田植えと稲刈りをしますが、自分で田植えをし、刈った稲からとれたお米は、子どもにとって特別なものになります。さらに自分で研いで炊けば、おかずがなくても何杯もおかわりするほどのご馳走です。

田植えや稲刈りはきっかけにすぎません。大切なのは、子どもが愛着を持てるストーリーを作ってあげることです。

日々の生活では、お母さんの炊事のお手伝いをすることで、食事に対して愛着を持つことができるようになるでしょう。冷蔵庫から人参を出す。ピーラーで皮をむく。半分に切る。年齢に応じてできることをさせましょう。たとえ材料を取ってきたり、皮をむくだけでも、子どもは自分がかかわったことで大きな喜びを抱くのです。

お教室に通う二歳の子は、家で玉ねぎの皮むきを担当しています。二歳といえども、自分の担当と思えば責任感が芽生え、一生懸命、丁寧にむきます。むいた皮はネットなどにとっておき、ある程度たまったら煮出して染色をして遊びます。

先日その子に、玉ねぎを食べずに置いておき、芽が出てくるのを観察するよう勧めました。その子は「玉ねぎから長ネギが出てきた！」と驚き、「玉ねぎと長ネギが仲良くなったからこうなったんだね」と子どもらしい言葉を発しました。これが五感を刺激するということなのです。

POINT

□小さなころから慣れ親しんだ「おふくろの味」を子どもに作ってあげましょう

□子どもが食事に興味や愛着を持てる工夫が大事です

□お手伝いをする中で、さまざまな面から五感が磨かれます

受験領域のここに役に立つ

常識　記憶　お話作り　季節　指示行動　行動観察　表現力　記憶力　言語力

「食育から学ぶこと」

五感を刺激して広範囲の学びを

食育で学べるのは食事のことだけではありません。食材の名前や形、色からさまざまな言葉を覚えます。調理方法や季節の食材から理科を学ぶことができます。

例えば、炊き立てのご飯を見せて「つやつや」という単語を教えましょう。おにぎりを作ると、手にご飯粒がつきますね。温かいご飯は粘着性があるので、糊《のり》の代わりになることを教えてあげるのもよいでしょう。

お米は一年中食べることができますが、夏は粘り気があまり出ないように炊いたほうがさっぱりと食べられますし、秋にとれた新米が特においしいこともお手伝いをする中で教えることができます。お米だけでなく年中食卓に上る野菜にも旬があることと、旬の野菜には栄養がたくさんあって、特においしいことなどを話してあげてください。

絵本やＤＶＤなどからも同じことを学ぶ機会はあるでしょう。でも、実際に見て、触れて、匂いをかいで得た感覚に勝るものはありません。同じ内容でも、さまざまな角度から体験し、感じることが大切です。

お米ひとつとっても得られることはたくさんあります。毎日やっているお米研ぎやご飯を炊くことでも、季節によってお母さんが工夫をしていることを見せ、体験させてあげましょう。

お母さんと一緒に過ごす中で得たことは、子どもにとって大きな財産です。何度もお話ししていますが、子どもの財産をコツコツ貯めていくつもりで、一緒の時間を丁寧に過ごしましょう。

命をいただくということを教えましょう

食育から道徳を身につけることも大切なことです。私たちが口にする食材は農家の方が一生懸命育てた野菜であり、肉や魚などは命のあるものです。「いただきます」という言葉は命をいただくという意味なのですから、食べるものを粗末にするわけにはいきません。

昔の人はご飯一粒一粒に神様が宿っているから粗末にしなかったことなどの話もあるように、同時に無駄を減らす調理法を工夫しましょう。

例えば野菜の芯や皮なども、蒸し料理にしたり、お漬物、キンピラなどでおいしくいただくことができます。残り物のおかずも、肉じゃがでコロッケを作ったり、スープをアレンジしたりすることで、次の日また新たにおいしくいただくことができます。こういうところでも、昔ながらのおばあちゃんの知恵を拝借しながら、お母さんが工夫している姿を子どもに見せましょう。

お母さんが捨てる部分を減らす工夫をしているのに、出された食事を残してしまっては意味がありません。

残さず食べる躾をするには、お母さんが実践しながら何度も話して聞かせましょう。子どもははじめ理解できなくても、何度も話すうちに、粗末にしてはいけないということが身につくでしょう。

食事のお手伝いを受験に役立てる

食事の支度をしながら受験に直接関係する勉強もできます。例えば、ハンバーグを作りながら、「お父さんが二個、お母さんが二個、あなたが一個、妹が一個食べるために、種をいくつに分けようか？」と数を学びます。そして、必要な数に等分する練習もできます。

野菜を使ってサラダを作ったら、翌日図書館に行って野菜に関する本を探してみてはどうでしょうか。野菜の切り口を描いた本、野菜や果物を動物に見立てた本、さまざまな本を見つけることができるでしょう。

人参などの根菜類は切り落とした首の部分を水耕栽培すれば、新たな芽が出てきます。キッチンを彩る緑にもなりますし、理科の勉強になります。日々観察しているうちに愛着がわき、人参に対する嫌悪感がなくなるかもしれません。捨ててしまえばゴミになるものでも、活用することで学ぶ機会を増やすことができます。まさに一挙両得ですね。

できることを増やしていく

子どもに食事の支度を手伝わせる際、すべてお母さんと同じようにやる必要はありません。小さい子ならば人参を冷蔵庫から出すところだけ手伝ってもらい、そのあと人参の絵を描かせているのでもかまいません。できることを少しずつ増やしていけばいいのです。

はじめてのことはお母さんより時間がかかるのは当たり前。成長の過程と思ってじっと見守る余裕が必要です。一日二四時間なのは誰にとっても同じです。それをどう使うかはお母さんの知恵次第です。うまくやりくりして、余裕を持ちましょう。

繰り返しになりますが「忙しい」「大変」という言葉を口にすると、悲観的な気持ちになってしまいます。これらの言葉は封印して、「楽しい」「幸せ」という気持ちを持って子育てをしてくださいね。

本質を学ぶ

以前、受験で「ハンバーグはどうやって作るの?」と聞かれて、「ゆでるの」と答えた子どもがいました。ハンバーグは焼くもの。その家ではレトルトのハンバーグを使っているのが、すけて見えてしまいました。

レトルトが悪いわけではありませんが、願書に「日々を丁寧に暮らしています」と書いていたとしたら、まったく信憑性がなくなってしまいます。もちろん忙しい日もあるでしょう。レトルトを使うなとは言いません。でも、そればかりでは食育にならないことを覚えておいてください。

お母さんが自ら作ってみることで、食品の安全性を確認することもできます。例えばポテトチップスを自宅で作るとすると、大量の油と塩を使うわけですから、家庭で作るにしろ、買ってくるにしろ、毎日子どもに食べさせていいわけがない、ということに気付くでしょう。お母さんも子どもと一緒に気付き、学んでいきましょう。
簡単、便利、時間短縮などを重視するのではなく、食育を通して物事の本質も学んでいってください。

POINT

- □言葉、数、季節、理科、道徳など、食育で学べることは多数あります
- □食卓でだけでなく、キッチンでのお手伝い、翌日の図書館などさまざまな場所で学ぶことができます
- □手間のかかることでもやってみる。それが学びにつながります

受験領域のここに役に立つ

行動観察　指示行動　巧緻性　記憶　理科的常識　知恵遊び　忍耐力
集中力　表現力

「嫌いな野菜を食べるようにさせるには？」

さまざまな角度から接する

嫌いな食べ物はなんと言われようと嫌い。残念ながらそれは大人も子どもも同じではないでしょうか。無理強いされてますます嫌いになったという人もいるでしょう。でも、いろいろなものを食べられるほうが、楽しみが多いのは間違いありません。食事に対して「食べてみよう」という好奇心を持たせ、他のことに対してもチャレンジ精神旺盛になるよう育てていきましょう。それにより、生活の幅が大きく広がります。

子どものときに嫌いだったものが、大人になって食べられるようになったという例も多いですが、できれば感覚の鋭い小さいうちからさまざまな味にふれさせてあげたいものです。最近では食物アレルギーのある子どもも増えています。アレルギーを引き起こさないものは、おいしく楽しく食べさせてあげたいですね。

実は私にも好き嫌いがありました。竹の子があまり好きではなかったのです。でも、子どもたちと竹の子掘りに行き、採り立ての竹の子を刺身で食べたときに、「おいしい」と感じることができました。

大人はとかく頭で考えがちですから、それも注意が必要です。「竹の子にはえぐみがある」といった先入観を子どもに植え付けてしまってはいけません。とにかく食べてみる。そのあとでどんな味がしたか、子どもの言葉で話をさせることが大事です。

調理実習ではじめて自分で調理することで、嫌いなものにも愛着がわいて食べられるようになった人もいますし、バーベキューでみんなでわいわい楽しくやっていて、おいしく食べられるようになった人もいるでしょう。

その食品の鮮度や調理方法、食品へのかかわり方、食べるときのシチュエーション、誰と食べるかなど、さまざまな角度からアタックしてみましょう。

お母さんも挑戦してみる

子どもの「食べてみようかな」という好奇心をかきたてるためには、お母さんの挑戦も必要です。インターネットで検索すれば、さまざまなレシピが手に入ります。それを使って、新しい料理にも挑戦してみましょう。

失敗してもかまいません。「次はおしょう油をもう少し足してみようかな」と工夫していく姿勢を子どもに見せましょう。作っていて、こうしたほうがうちの味にあうと思うならば、自分流にアレンジしていきましょう。

お母さんが楽しみながら挑戦している姿は、子どもにとってもお手本になります。一緒にキッチンに立ちながら、間近で見せてあげてください。

POINT

□ 嫌いなものを克服させるためには、食品へのかかわり方やシチュエーションなど多方面からアプローチしましょう

□ 苦手克服にはお母さんの挑戦ももちろん必要です

受験領域のここに役に立つ

理科的常識　記憶　巧緻性　推理　言語推理

食卓を彩るデコレーション

数分でできる工夫を

食事の盛り付け方によっても、子どもの興味をひくことができます。私が夏のワンデーキャンプで行っている例を紹介しましょう。

夏なのでドライカレーを作ります。嫌いな野菜も小さければ食べられるので、なるべく細かく刻んで作ります。シンプルな白いお皿の真ん中に丸くドライカレーを盛り付け、その周りにひき肉とコーンをいためたものを載せてライオンのたてがみに。半分に切ったゆで卵で目をつければ完成です。

ライオンのドライカレー

子どもたちはシュウマイ作りをします。小さな手でシュウマイを包むのは大変なので、卵パックにシュウマイの皮を敷き、その上に具を載せて包みます。キャベツや白菜などの外側の葉を蒸し器に敷いて、その上で蒸せば本格的な中華料理のようになります。

盛り付けのポイントはシンプルなお皿で、料理を引き立たせることではないでしょうか。お弁当をさまざまに彩る「キャラ弁」がはやっています。子どものために一生懸命になるのは素晴らしいことですが、色や形を重視するあまり味が度外視されてしまったり、作業に熱中しすぎて子どもとの会話がなくなってしまっては元も子もありません。

日々の食卓も凝りすぎる必要はありません。誕生日やちょっとした記念日に子どもと一緒にデコレーションする。数分でできる工夫がいいのではないでしょうか。

工夫を楽しむ姿を見せましょう

核家族では、キャベツや大根などの大きな野菜を一個食べきれないという悩みをお持ちではありませんか。半分に切ってあるものを買ってくるご家庭もあるでしょう。でも、いろいろなレシピを知っていれば問題は解決されます。また、同じスープでも、一日目はコンソメ味、二日目はトマトを加えてトマト味、三日目はカレー味にすれば同じ材料でも違ったメニューになります。料理にあわせて、浅いお皿、カップなど、器を変えることでも、目先が変わります。

料理が上手でなくてもいいのです。工夫を楽しむ。そしてその姿を子どもに見せる。それが大切なことなのです。

さあ、日々の食事を楽しく実りのあるものにしましょう。

POINT

□ 数分でできるデコレーションで目先を変え、楽しい雰囲気の食卓を演出しましょう

□ 凝りすぎる必要はありません。子どもと一緒にできる程度のデコレーションが丁度いいでしょう

□ シンプルなお皿ほど料理が引き立ちます

受験領域のここに役に立つ

巧緻性　記憶　語彙力　創作・想像　数のやり取り　図形の分類　理科的常識

生活習慣

第6章

いざ、受験に備える

これまで、毎日を楽しみながら過ごす中で、必要なことを身につけていくことを提案してきました。受験を間近に控えても、何も特別なことをする必要はありません。これまでどおり、日々を大切に暮らし、受験当日もそれを見てもらうつもりで臨みましょう。

それでも、願書の書き方、面接の受け方、当日の服装など不安に思うことが多いでしょう。第6章では、これまでの生活を願書や受験当日にどう出すか、そのエッセンスをご紹介しましょう。

「願書は学校へのラブレター」

これまでやってきたことを伝えましょう

書店に行くと、願書の書き方を示した本がたくさんあります。それを参考にするのは悪いことではありませんが、それを見たがために、自分の子どもが幼く思えて焦ってしまうお母さんも少なくありません。

本に書いてあることは、ほんの一例に過ぎません。各家庭によって当然内容が変わるのですから、焦る必要はないのです。

願書を書く際は、これまで何年もかけて大切にしてきた毎日のこと、子どもと一緒にやってきたことを、まず思い起こしましょう。五感を磨き、子どもの視点に立つことで、お母さん自身も忘れていた子どものころの時間を思い出す日々だったのではないでしょうか。

その思いを相手に伝わる言葉を使い、心をこめて書きましょう。そう、それはラブレターと同じなのです。かっこいい言葉を使ったからといって、相手に伝わるわけではありません。誠意をこめて書くことが大切です。

これまで親子で日々を大切に過ごしてきたこと、そしてこれからは親子だけではできないことを、この学校で子どもに経験させてあげたいという学校に対する気持ちを、子どもに託す思いとともに表しましょう。

学校が求めているのは、うわべだけのきれいな願書ではありません。どのような家庭なのか、先生方もその家庭と一緒になって学校生活を送りたいと思うような家庭であるかを知りたいのです。これまでやってきたことに自信を持ち、読みやすい字で丁寧に表現してください。

心のフックにかかった言葉を書き留める

文章を書くのが得意ではない、どちらかというと苦手だと感じているならば、雑誌や新聞などのコラムで目にとまったものを書き留めておくことをお勧めします。パソコンにためるのではなく、ノートを一冊用意して、自分の手を使って書きましょう。書き写しているうちに、文章のリズムや言葉の使い方が、自然と身についていきます。

また、誰もが同じ文章を「いいな」と思うとは限りません。目にとまる文章というのは、心にあるフックにひっかかった文章なのです。それを書き留め、ためていくことで自分を理解することにもつながります。

そして、そこに書かれた言葉が表す状態になるように、行動するようになるのです。それが人間心理です。例えば「ときめき」という言葉に惹かれていると、自分の心がときめくような状態とはどんなものか探し出し、行動に移すようになります。自分が惹かれているものに近づいていくことができるのですから、ぜひやってみてください。

子どもの言葉は魔法の言葉

もうひとつお勧めしたいのが、子どもの言葉を書き留めておくことです。子どもにたくさんの言葉がけをしていると、子どもからも独自の感性に満ちた魔法の言葉がいっぱい出てきます。それをノートに書き留めておくのです。

言葉を発しても、何もしなければ忘れてしまうでしょう。特にどんどん成長していく子どもが発する言葉は、今しかない貴重な言葉なのです。

言葉を書き留めたノートは、節目節目で子どもに見せてあげてもいいですし、大きくなってからプレゼントしてもいいでしょう。子どもの成長の記録は親にとっても子どもにとっても財産です。

この魔法の言葉たちを願書にちりばめたらいかがでしょう。世界にひとつしかない素晴らしい願書になるでしょう。

POINT

□願書は各家庭によって異なるもの。自分の言葉で、相手に伝わるように書くことが大事です

□新聞や雑誌から文章を学び、自分の考えの整理に役立てましょう

□子どもの言葉を書き留めておけば、願書に使ったり、成長した子どもに書き留めたノートをプレゼントしたりすることができます

身につくのはこの力

言葉の記憶　復唱　読解力　推理

「面接時の服装について」

ＴＰＯをわきまえた上で自分にあった服装を

受験シーズンがやってくると、百貨店などでは受験コーナーが設置されます。でも、みんなと同じようなお仕着せの服ではなく、自分にあった服を着るほうが自信を持って面接に臨めるのではないでしょうか。

自分で探す場合、絶対にはずしてはならないのがＴＰＯです。学校はどういうところであるかを考え、華美な服装は避けましょう。その上で、清潔で自分にあった服装を選べば間違いありません。普段から自分には何が似合うか、鏡の前で素敵な自分を探しておいて、選んでいってはどうでしょうか。

普段の様子が出せる事前の工夫が大事

子どもの洋服を選ぶ場合、普段の様子が出やすい服装がいいでしょう。といっても、普段のデニムは受験の場にはそぐわない。ＴＰＯをわきまえるのはお母さんの服装と同じです。

もし、ワンピースで面接に臨むのであれば、お出かけのときに何度か着て、慣れさせておきましょう。子どもは汚してしまうことがありますが、汚れたらクリーニングに出せばいいのです。靴も慣れない革靴だと足が痛くなるなど大変です。何度か履いて、慣れさせておきましょう。

女の子の場合ボレロを着せるお母さんもいますが、着慣れていないなら日常生活でも着る機会が多いカーディガンを選んだほうがいいですね。どうしてもボレロを着せたいなら、普段から着せるようにしてください。

面接時、ジャケットを着ていると暑い場合もあります。ついつい「ちょっとの時間だから」と我慢させてしまいますが、それは大人の都合です。子どもはちょっとした違和感でもソワソワしたり、普段の様子が出せなくなるので注意が必要です。

その子に似合う色、似合うデザインを選び、そして着慣れさせておく。そうすることで子どもにとって「自分の服」となります。お母さんと選んだ大好きな服という気持ちを持って面接に臨めば、普段どおりのびのびと受け答えができるでしょう。

POINT

- □ 受験コーナーだけで選ぶのではなく、さまざまなところで自分にあった服装を選びましょう
- □ 子どもの服装はTPOをわきまえつつ、普段の様子が出しやすいものを選んでください
- □ 事前に何度か着て、慣れさせておくことが大事です

身につくにはこの力

生活習慣・マナー

「面接時の心得」

日ごろから「笑顔でお返事、挨拶」

私のお教室では、守るべきお約束がいくつかあります。ひとつは「あわてない」「焦らない」「あきらめない」という三つの「あ」です。「じっくり、しっかり、丁寧に」「いつも笑顔でお返事、挨拶」もお約束です。返事は「うん」ではなく「はい」。お母さんが子どもや家族に対して返事をする場合も「うん」ではなく「はい」を使うように勧めています。

この習慣は緊張しがちな面接のときにとても役立ちます。質問されたときに、まず

「はい」と答えると、気持ちが落ち着きます。また、質問の内容がわかりましたという意思表示にもなります。

子どもも「笑顔でお返事」が当たり前のこととして身についていれば、どんなときにもすることができます。緊張したときこそ、普段の生活が出てくるものです。

心をこめて伝えましょう

願書のところで説明したように、学校側は子どもの家庭がどんな家庭なのかを見て合否を決めたいと考えています。面接の練習を重ね、上手に受け答えができればそれで合格するわけではありません。これまでの日々の生活を思い描き、心をこめてお伝えする。今まで自分たちがしてきたことを聞いていただくという気持ちを持って臨むことが大切です。

面接を担当する先生が自分よりも若い方の場合もあります。それでも子どもの「師」となる人です。丁寧な対応、誠実な気持ちを忘れないでください。

試験前日は楽しく過ごす

試験が間近に迫ってくると、キリキリ、イライラするお母さんもいるでしょう。特に前日はお母さんのほうが緊張してしまうかもしれません。子どもはお母さんが大好きですから、お母さんのメンタルがそのまま反映されてしまいます。お母さんがイライラしていれば子どもも落ち着きがなくなり、叱られれば落ち込みます。その状態で「普段どおりに受験しましょう」と言われても子どもには難しいでしょう。

母親ですから、人一倍ナーバスになってしまうのはしょうがないことですが、自分の心構え一つで変わります。逆に言うと、自分でコントロールしなければ誰も何もできないのです。心を落ち着かせ、これまでやってきたことを信じましょう。

東京都は一一月一日が入試解禁日なので、ちょうど前日はハロウィンにあたります。私のお教室では毎年受験前日に仮装してハロウィンを楽しみます。みんなで楽しみ、おいしいご飯を食べて寝れば、子どもの安らかな寝顔が見られます。子どもも楽しい夢を見ることでしょう。

そして受験当日はこれまでと同じように朝お教室に来て、ハロウィンの絵を描いてから受験に向かいます。昨日の楽しかったことを思い出すことでリラックスして受験をすることができるからです。

ここまできたら、あとは気持ちを整えるだけ。ここまでやってきたことを信じて、余裕を持って受験に臨みましょう。

POINT

- □ 質問には「はい」と答えて気持ちを落ち着かせましょう
- □ お母さんの心の状態は子どもにも伝わります。キリキリ、イライラは禁物です
- □ 試験前日は楽しいことをし、おいしいご飯を食べて床につきましょう。試験でも笑顔で受け答えができるはずです

おわりに

幼稚園受験、小学校受験は大変と思ってしまうと、本当に大変になってしまいます。でも、見方を変えてみてください。実はキラキラと輝くことが身の回りにはいっぱいあるのです。

「大変だな」と思ったときは、深呼吸をしましょう。心を落ち着かせると、さまざまな空気を感じることができ、自分だけが大変なのではないことに気付くでしょう。忘れていた自分を取り戻してください。

子どもは日々成長しています。今はよちよち歩きで、手をひいてあげなくてはいけなくても、自分の足で立ち、自分で考え、自分で決めて歩むようになる日が確実に訪れます。そうなってから、もっと子育てを楽しめばよかったと思っても時間を巻き戻すことはできません。手助けが必要な今でなければできないことがたくさんあるのです。

多くのことをやる必要はありません。むしろシンプルに、同じことを何度も丁寧に繰り返す。焦ることもありません。一つひとつ片付けていかなければ前には進まないのですから。

ときには後悔することもあるでしょう。周囲のせいにしたくなることもあるでしょう。でも、反省することは大事ですが、過去ばかり振り返っていては前に進めなくなります。周囲のせいにして文句を言うよりも、自分で動き汗を流したほうが気分もすっきりします。そうして、少しずつでもいいので前に進んでいきましょう。

子どもと一緒に学ぶことができるこのチャンスを、ぜひワクワクとした素晴らしいものにしてほしいと思います。誰からも愛され、信頼・尊敬され、子どもたちが幸せな人生を歩むことを願い、本書を書き上げました。少しでもお母さんたちの役に立ち、勇気づけられることを願っています。

2012年7月

磯邊季里

受験領域	
1．数	分類計数　仲間集め　同数発見　数の構成 増減　等分　一対多対応　多い少ない 単位のかんがえ方　数あてゲーム　数のやり取り 数の複合　足し算の基礎　引き算の基礎 10までの計算　文章題
2．位置	位置の対応　迷路　右左　四方見の観察 地図上の移動　方眼位置　条件迷路
3．未測量	量の系列化　順対応　量の保存　つりあい
4．図形	点図形　同図形発見　三角パズル　模様作り かたち作り　線の模写　図形の模写 形を使った創造画　立体積み木　積み木の数 積み木のパズル　2色パズル　欠所補完 図形分割　重ね図形　重ね点図形　転がし・型図形 線対称　回転図形
5．言語	一音一文字　同音語　同尾語　同意語　しりとり むかしばなし　お話の記憶　短文作り　様子の言葉 動きの言葉　音　擬声語　擬態語　聞き取り お話作り　文章暗記　詩　復唱
6．記憶	具体物の記憶　位置の記憶　数の記憶　絵の記憶 お話の記憶　言葉の記憶
7．推理	図形系列　逆対応　関係推理　シーソー　魔法の箱 回転推理　観覧車　ゲーム　トランプ
8．理科	季節　動物　虫　花　魚　鳥　理科的常識　鏡
9．常識	社会の約束　家での約束　道徳　選択抹消 同じとちがい
10．巧緻性	ひも通し　はしつかみ　はさみ切り　ひもむすび 塗り絵　絵画　指示工作　創造工作　絵日記

※この表はあくまでも参考資料であり表現の仕方はいろいろあります

〈著者略歴〉
磯邊季里（いそべ・きり）
K&R ACADEMY President&CEO
慶應義塾大学文学部卒業。子ども塾「こひつじかい」を22年にわたり運営。広尾教室、田園調布教室を営む。慶應義塾幼稚舎、早稲田実業初等部、田園調布双葉、学習院初等科など多くの有名校・難関校への合格者を輩出。受験指導だけでなく実体験型の体験授業を主体として、子どもと共に夢の扉を開けるべく、手助けをおこなう。また、「心のリレーション（絆）」を伝えることを使命とし、子どもたちの笑顔が輝くように、学ぶ楽しみを教える。コミュニケーション指導や五感磨きをし、子どもの芽を開花させ、眼を輝かせる。ベビーセラピスト、検査士、ラッピングコーディネーター、フードコーディネーターなどの資格を持ち、保育、心理、想像力の育成、メンタルトレーニング、食育など、多方面から幼児教育に携わっている。上海での講演、授業、子どもたちの育成も手がけ、子どもたちはもちろん、子ども同士、親子、社会との楽しみ方、あり方を教育していくというコンセプトのもとで活動をおこなう。

名門小学校に合格する「本当の知力」を身につけさせる方法

2012年8月31日　第1版第1刷発行

著　者　磯　邊　季　里
発行者　小　林　成　彦
発行所　株式会社ＰＨＰ研究所
東京本部　〒102-8331　千代田区一番町21
文芸出版部　☎03-3239-6256（編集）
普及一部　☎03-3239-6233（販売）
京都本部　〒601-8411　京都市南区西九条北ノ内町11
PHP INTERFACE　http://www.php.co.jp/
組　版　朝日メディアインターナショナル株式会社
印刷所
製本所　凸版印刷株式会社

ISBN978-4-569-80679-2